娘が妊娠したら親が読む本

はじめに

この本を手にした方へ

このたびはおめでとうございます。手塩にかけて育てたお嬢様が、結婚して人生の伴侶を得、そうして今また、子の母になろうとしている。親御さんとしては感慨もひとしおのことと思います。

この本は、妊娠判明から産後の産褥《さんじょく》期まで、産前産後の「里」の役割について書きまとめた本です。「里」とは結婚した妻の生家のこと。日本では里帰り出産を含め、産前産後を「里」に頼るという伝統的風習があります。時代が変わり、結婚すなわち夫の家に入ることではなくなりましたが、「里」の機能は今も昔も変わりません。結婚して自身の家庭を築いた娘が、いざというときに頼れる拠《よ》り所が「里」なのです。

娘のために、「里」としてできる限りの手助けをしたい。親業の先輩として、頼れるところを見せたい。でも、自分の妊娠・出産の体験や知識は20〜30年も前のもので心もとない。うっかりしたことを言って、娘と仲違《なかたが》いするのもいやだ。赤ちゃんができたことで、先方ご両親とのつきあい方やそれぞれの役割も変わっていくだろうけれど、相手にどんな言葉をかけ、どうしていけばよいのかは手探り状態……。

本書では、そんな方々の指針となるよう、娘の実親としての心のもち方、すべきことをまとめました。今どきの妊娠・出産・育児の常識もしっかり紹介しています。悩んだり迷ったりしたときに手にとり、役立てていただければ幸いです。

3章 里帰りと里出張

4章 出産

5章 産後

プロローグ

「里」としての親の役割

「里」としての親の役割①

不安定な時期の心身をサポート

妊娠・出産という大仕事を成し遂げるためには、周囲のサポートは不可欠です。もちろん、サポーターの筆頭は娘の夫ですが、「里」としても万全の態勢で支えてあげたいところです。

妊娠・出産は、自分のからだの中でもうひとつの命を育み、この世に誕生させるという神秘的な体験。妊娠中の心とからだには、ふだんは起こりえないさまざまな変化があらわれます。妊娠初期は、つわりなどの体調不良に加え流産や感染症などの心配もあり、妊婦は強いストレスを感じながら生活をしています。妊娠中期になると体調も気持ちも落ち着きますが、後期になって出産が近づくにつれ、マイナートラブルに見舞われたり、出産や育児への不安感・恐怖感を感じることもあります。このような妊娠期を通して娘の気持ちによりそい、まるごと受け止めて支えることができるのは、妊娠・出産経験者であると同時に、その娘を育ててきた実母しかいないかもしれません。

また、産後の産褥《さんじょく》期には、母体のサポートが親の重要な役割になります。出産を終えボロボロになった娘のからだが少しでも休まり、早く回復するよう、住環境をととのえる、家事を引き受けるといったサポートをしてあげてください。娘を励まし、いたわり、母親としての自信をもたせてあげる精神的なサポートも重要です。

妊娠・出産・育児をする人を支える周囲のあり方を示す、「マザーリング・ザ・マザー」という言葉があります。これは、新しく母親となる人を、周囲が母親のようにやさしくいたわり精神的・身体的にサポートすることで、疲労や不安を軽減させられる、という意味。その役割を果たすことができるのが、まさに実親、とくに母親でしょう。娘は親の温かいサポートを得ることで、赤ちゃんを産み、お母さんになり、子どもに愛情を注いでいくことができるのです。

「里」としての親の役割②

親業の先輩として体験と助言を伝える

娘にとって親、とくに母親は、同じ女性として妊娠・出産・育児を経験したもっとも身近な親業の先輩です。しかも、親として、子として、人生を一緒に過ごしてきたわけですから、夫や友人とは少し違った意味で、さまざまなことを分かち合える存在だといえるでしょう。ときには、娘から「どうしたらいい？」「お母さんはどう思う？」と助言を求められることもあるかもしれません。そんなときはぜひ、自分の体験談とともに、娘にアドバイスをしてあげてください。

その際に心に留めておきたいのは、自分が妊娠・出産・育児を経験したころと今とでは、医療技術も取り巻く環境も、また考え方も、だいぶ変わっているということ。以前は当たり前だったことも、今の常識ではなくなっているのです。

親としては、つい「こうするのはダメ」「あしたほうがよい」と指導的になってしまうこともあるでしょう。でも、娘はそうした言葉を素直に受け入れないかもしれません。それどころか、「今はそうじゃないの」と、聞く耳をもたなくなってしまうこともあります。娘が求めているのは、後悔しない決断を自分でするための助言。本やインターネットなどでさまざまな情報を得ることができ、選択肢が多様化した時代、何をどう選択すればよいのか、妊娠・出産の経験者であり人生の先輩でもある母親のアドバイスが受けたいのです。

的確なアドバイスをするためには、親も親なりに、今どきの常識を知っておく必要があります。「お母さんのときはああしたけれど、今はこうするのね」「お母さんはあなたの考えに賛成よ」と、一緒に考える姿勢を見せてあげてください。

これから親となる娘と、「あなたが生まれたときはね……」と娘が生まれ、育ってきた話をすることは、改めて自分と娘との親子関係を見つめ直すよい機会でもあります。

「里」としての親の役割③

娘の夫や先方ご両親とも足並みを揃えて

娘の妊娠をきっかけに、今後、娘の夫や先方ご両親とはこれまで以上に関わる機会が増えていきます。良好な関係を築いていたとしても、多少そうでない部分があったとしても、両家のつきあい方を見直すよいきっかけになるでしょう。

大切なことは、何をするにしても、両家で足並みを揃えるということです。たとえば、妊娠経過の報告、ベビー用品を揃えるなどの出産準備、お祝い事の段取りなど、「こちらには何も知らされていなかった」「あちらの家族ばかり……」などと不平等感が生まれては、せっかくのおめでたいことなのに残念です。

娘はついつい気安さからなんでも実親に頼みがちですし、また不安定な時期の余裕のなさから、義父母のことに気がまわらないこともあります。そこを気づかせ、導いてあげるのも親の役割。かといって、あれこれ調整しようとこちらから出すぎるのはよくありません。もし、両家の足並みが揃っていないなと感じたら、「ようすはどう？」「あちらにもお知らせした？」「それは、あちらのお父様やお母様もきっと喜ぶわよ」などとさりげなく娘にうながすことで、両家が平等になるよう気を配りましょう。

新しい命は、夫婦をさらに結びつけ、両家を強くつなぎ合わせます。産まれてくる孫にとっては、どちらも大切な「おじいちゃん、おばあちゃん」。どうしても、こちらのほうが娘や孫に関わる機会は多いものですから、要所要所で先方ご両親を立てる気遣いを忘れてはいけません。おたがい手をとり合い、嬉しいことは喜び合い、協力して新しい命を支えていきたいものです。

また、妊娠・出産・育児では「里」の出番が多く、娘の夫とも急接近することになります。おたがいを理解し合うよい機会ととらえ、ともに娘を支え、赤ちゃんを支えるパートナーとして協力していきましょう。

あちらのご両親も喜ぶわね

「里」としての親の役割④

母方祖父母としての役割

「里」には、娘の妊娠によって「母方祖父母」という新たな役割が加わることも頭に入れておきたいことです。たとえば、妊娠中の帯祝い、孫の出産祝い、お宮参り、初節句、初誕生など、お祝いや行事に関しては、確実に果たすべき役割が出てきます。行事の意味やしきたりを理解し、母方祖父母として期待されている役割をわかっておくことは大切なことです。

最近は、伝統など気にしない、しきたりは今の自分たちの状況に合わせてアレンジすればよい、という人も増えています。昔と今では「家」というものに対する考え方も違っていますし、住宅事情などでしきたりどおりに行事をおこなうのがむずかしい場合も出てくるでしょう。でも、伝統やしきたりについて知ったうえで省略するのと、そうでないのとではまったく違います。

親が伝統やしきたりを知らずにいるというのは、恥ずかしいこと。娘夫婦は、自分たちが最終的にどうするかを判断するためにも、きちんと親から教えてもらいたいと思っているはずです。伝統やしきたりは、地域や家によって違いがある場合もあります。親自身がその意味や方法をきちんと理解して、娘夫婦に提案してあげてください。

赤ちゃんのお祝い行事では、母方祖父母から品物を贈るのが習わしとされているものが多くあります。期待される役割を果たそうとすると、出費もかさみます。そのつど費用を用意するのはなかなか大変なもの。入園、入学などにも十分なお祝いをと思うのであれば、ひとつの方法として、娘が妊娠中から少しずつ貯金することを考えてみてもよいかもしれません。

元気な子が
産まれますように

おさらい

妊娠判明から出産まで

妊娠週数は、最終月経の第1日目を「妊娠0週0日」として数え始めます。
妊娠に気づくのは、妊娠4～7週ごろ。
出産予定日は妊娠0週0日から数えて280日目の妊娠40週0日目が目安です。

月数	1か月			
週数	0	1	2	3
ママと赤ちゃんのからだ	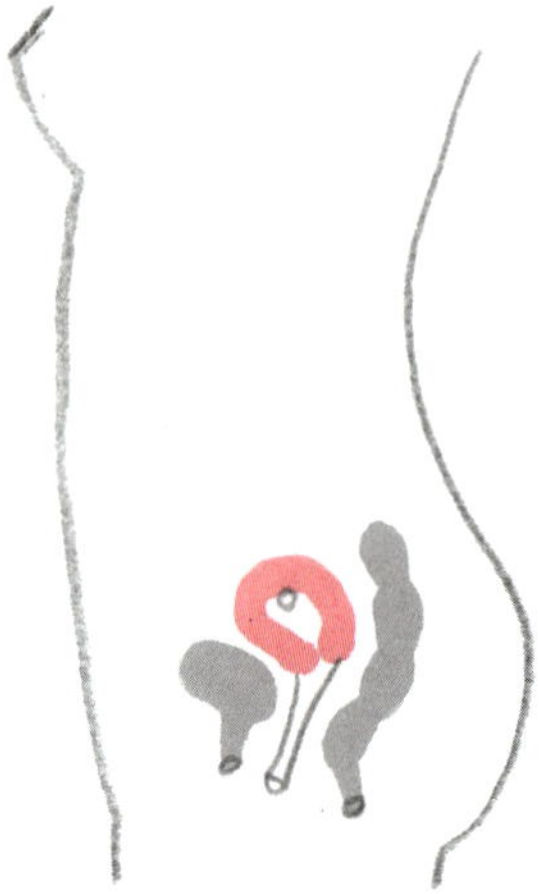 ママ 妊娠が成立。母体ではホルモンの分泌量が変化し、赤ちゃんを育てる環境づくりが始まります。 赤ちゃん まだ小さな細胞ですが、脳や心臓などの器官の原型ができ始めています。			
健診の回数				
やるべきこと				

妊娠初期

2か月

4　5　6　7

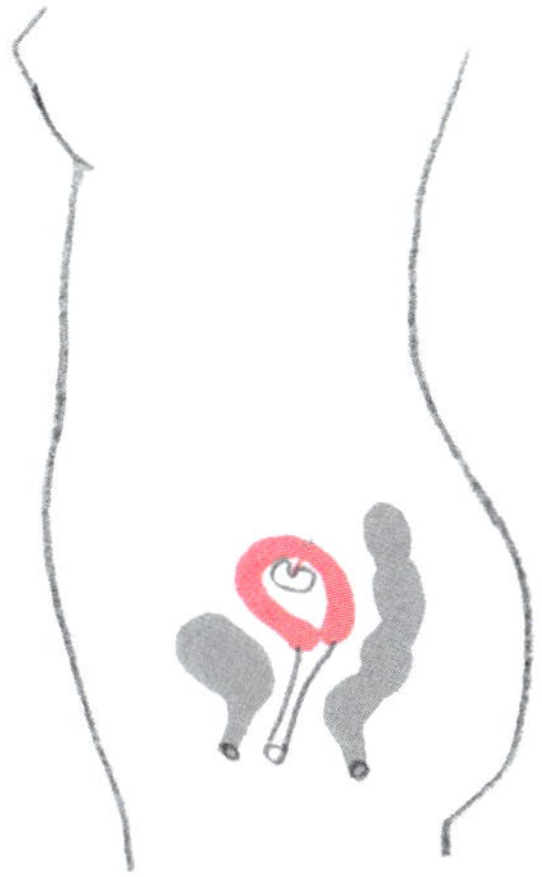

ママ
月経が遅れ、妊娠に気づくとき。だるい、吐き気がするなど、つわりの症状があらわれます。

赤ちゃん
「胎芽」と呼ばれる時期。心臓や脳、神経細胞が急速に発達します。心拍が確認できることも。

1～2週に1回

- □ 妊娠の可能性に気づいたら、産婦人科を受診
- □ タバコ、アルコールはストップ

3か月

8　9　10　11

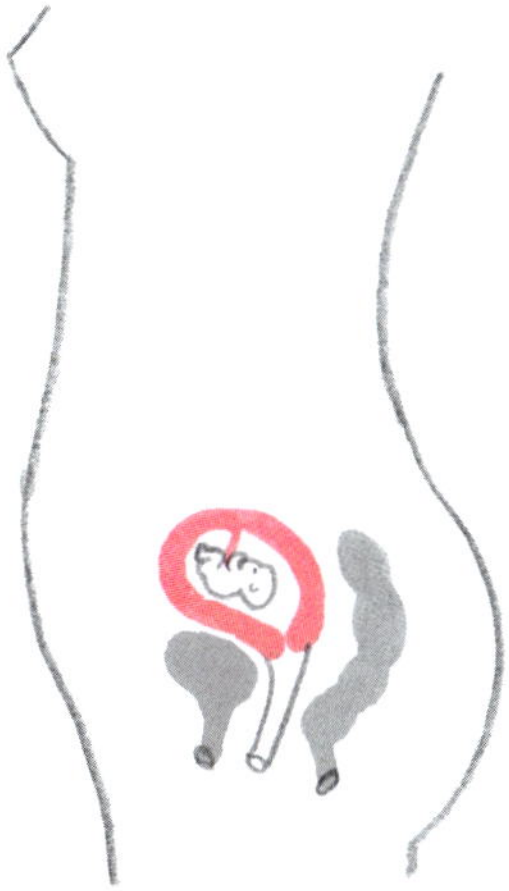

ママ
つわりがピークに。子宮が大きくなり始めて腸や膀胱を圧迫するため、便秘や頻尿になる人も。流産しやすい時期。出血やおなかの張りなど流産の兆候に注意。

赤ちゃん
頭、胴体、足の区別がつくようになり、人間らしい姿に。血液循環や排泄機能がスタート。

- □ 妊娠が確定したら、役所に「妊娠届」を提出
- □ 母子手帳をもらう
- □ 里帰り出産を検討する
- □ 分娩する産院を選び、分娩予約を入れる

妊娠初期

4か月

15 14 13 12

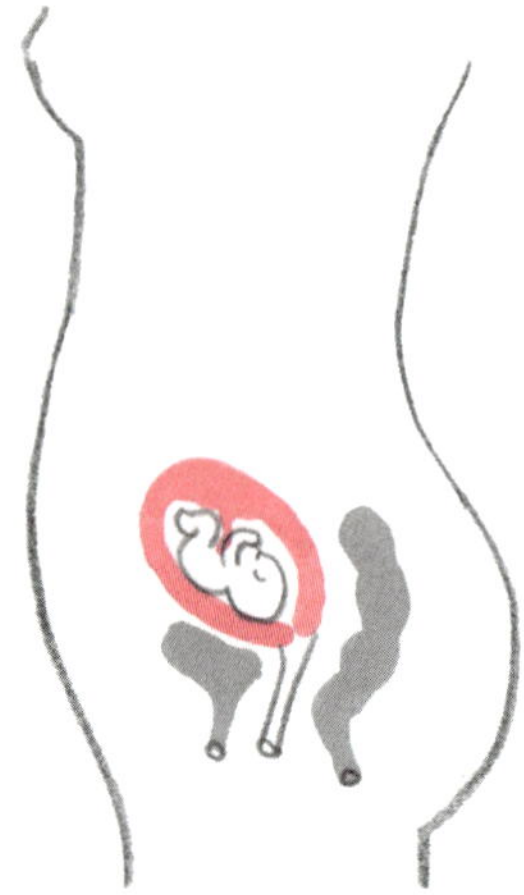

ママ

胎盤がほぼ完成。つわりが治まり、食欲が回復し始めます。

赤ちゃん

胎盤を通して、母体から酸素や栄養をもらうようになります。骨格がほぼ完成し、羊水の中で回転するなど動きが活発に。

□体重管理をスタート

5か月

19 18 17 16

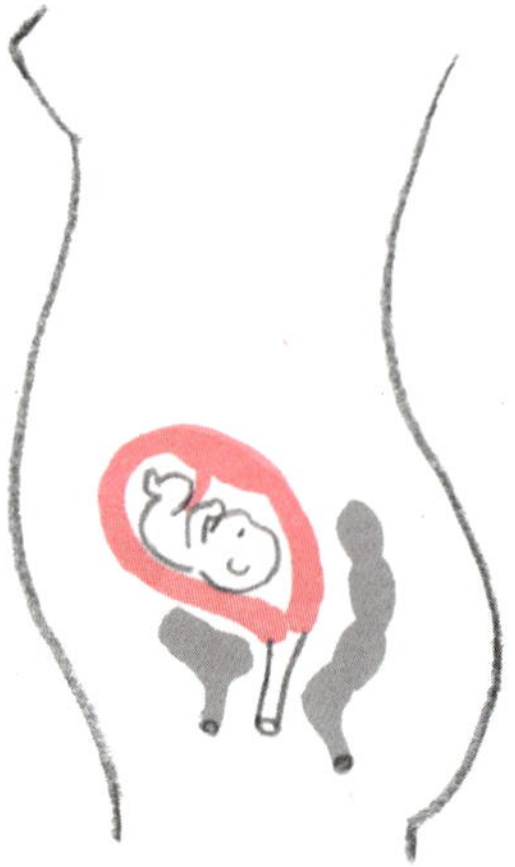

ママ

おなかが大きくなり、妊婦らしい体型に。早ければ、胎動を感じる人もいます。

赤ちゃん

自分の意思で手足を動かすようになります。聴覚が発達し、外の音に反応することも。

4週に1回

□親しい人に妊娠報告

□戌の日に安産祈願をする

□歯の治療をするなら、妊娠5～6か月ごろがベスト

□里帰り出産をする人は、分娩先での健診を受ける
（※健診時期は病院によって異なるので確認を）

妊娠中期

6か月

20　21　22　23

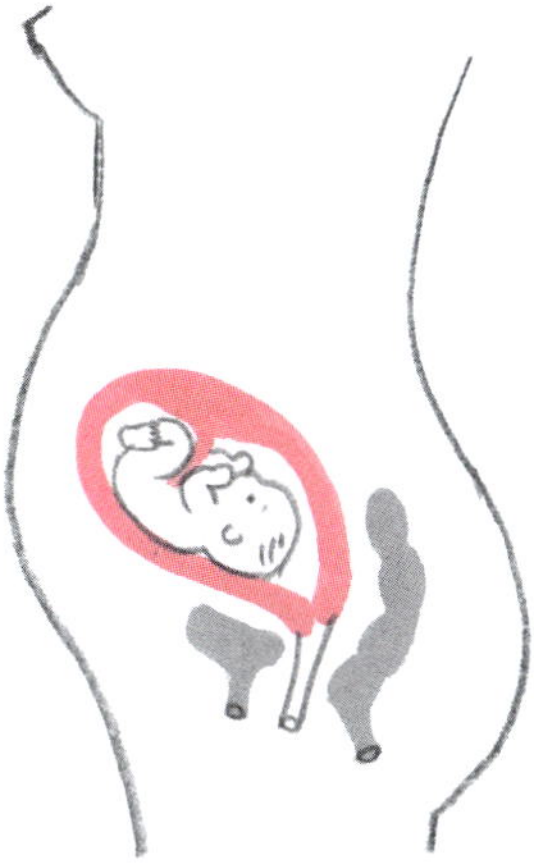

ママ
ほとんどの人が胎動を感じるようになります。乳腺が発達し、母乳の準備が進みます。

赤ちゃん
目鼻立ちがととのい、超音波写真でも確認できるほどに。呼吸器が発達し、呼吸様運動を開始します。

- □里帰り出産をする場合は、紹介状をもらう
- □両親学級・母親学級がスタート

7か月

24　25　26　27

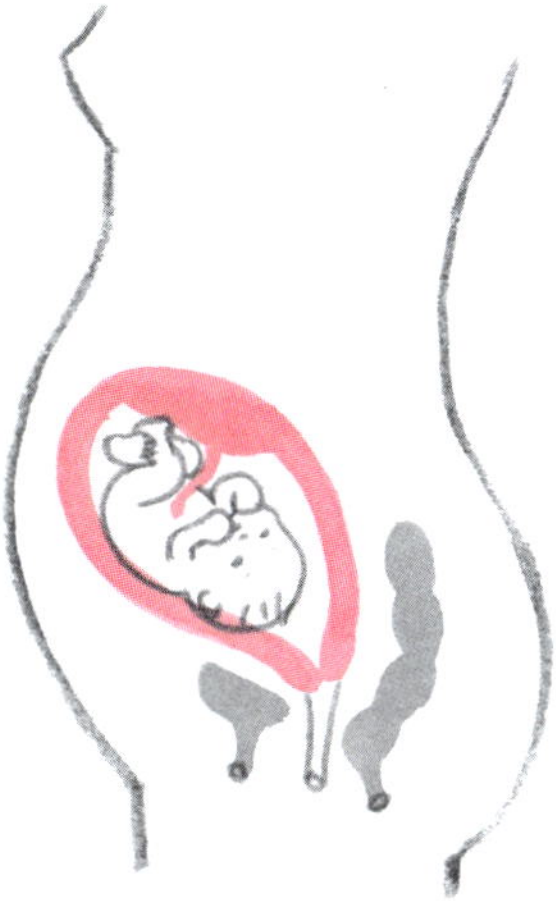

ママ
おなかがどんどん大きくなり、胎動がはっきりと感じられるようになります。足のむくみ、静脈瘤、便秘、痔などの症状があらわれ、太ももに妊娠線が出ることも。

赤ちゃん
運動機能が発達し、動きが活発になります。

2週に1回

- □ベビーグッズのリストアップを始める
- □部屋に赤ちゃんのスペースをつくる
- □赤ちゃんの名前を考え始める

妊娠後期

	8か月	9か月
週	28　29　30　31	32　33　34　35
	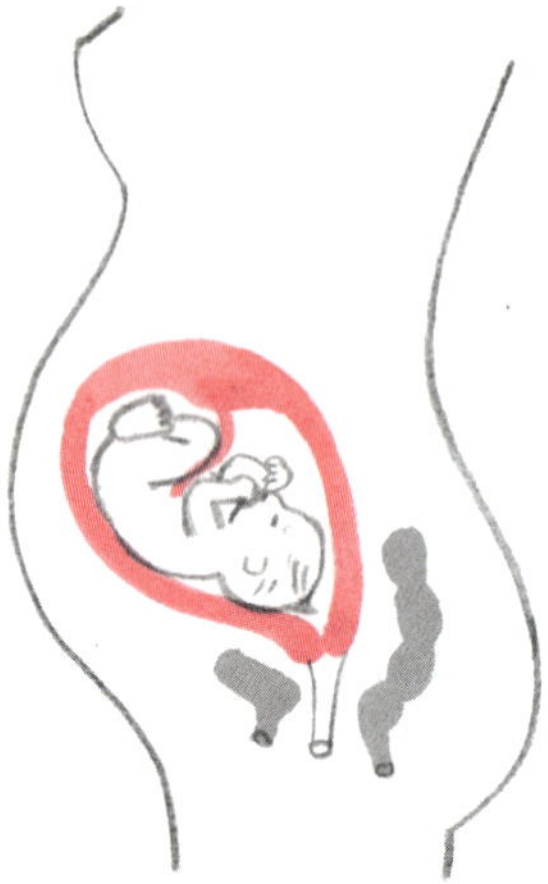	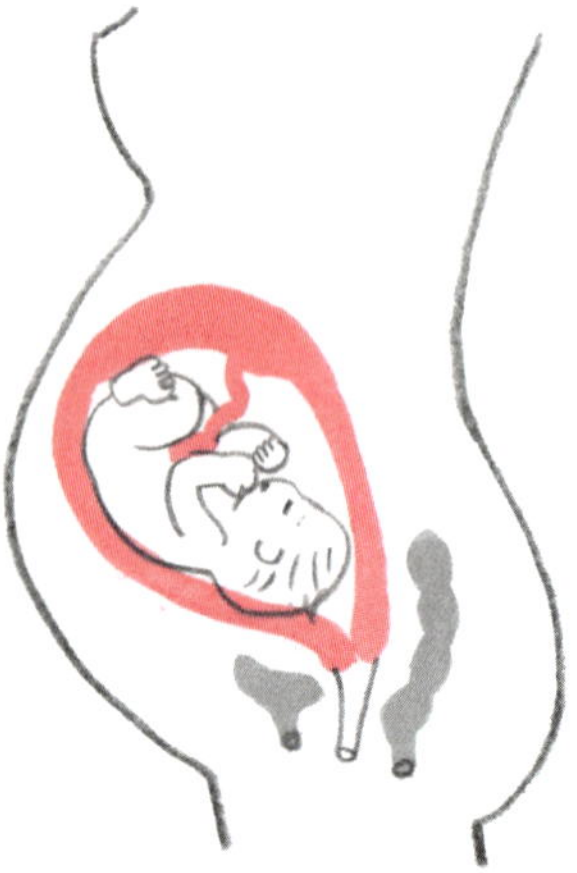
	ママ おなかが急激に大きくなるため腰や背中が痛くなったり、子宮に胃が圧迫され食欲がなくなったりと、からだへの負担が増えてきます。 **赤ちゃん** 内臓や脳の中枢器官など、生きていくために必要な機能がほぼ完成。	**ママ** 子宮底が高くなり、からだが出産の準備を開始。おなかの張りが頻繁に起こるようになります。 **赤ちゃん** 新生児とほぼ変わらないほどにまで成長。頭を動かして、骨盤に入る準備をします。
	2週に1回	
	□ベビーグッズを用意する □内祝いの下調べ	□いつお産が始まってもいいように、入院の準備をしておく □里帰り出産をする人は35週までに帰省

10か月

36	37	38	39

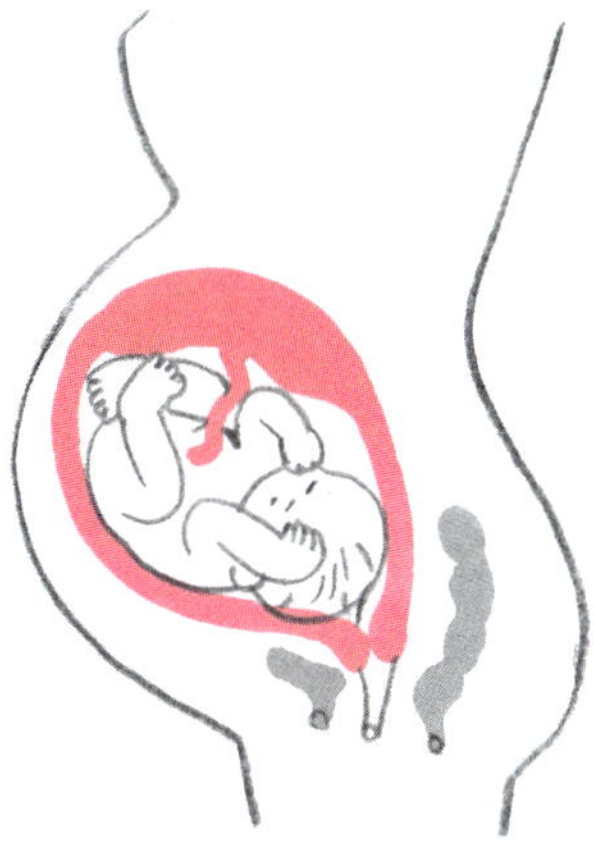

ママ
おなかが頻繁に張る、胃がすっきりする、トイレが近くなるといった変化があらわれたら、お産が近づいている合図。

赤ちゃん
からだの機能が完成し、いつ産まれてもよい状態。頭が骨盤に入り、動かなくなります。

毎週

- □入院グッズの最終チェック
- □出産までの流れをおさらい
- □出産に向けて、からだと心の準備

赤ちゃんを授かった娘へ、最初の小さな贈り物

娘が新しい命を授かった喜び、そして、「これから出産まで、お母さんが見守っているよ。一緒にがんばっていこうね」という気持ちを込めて、娘に“妊娠ダイアリー”を贈ってみませんか？　おなかの中の赤ちゃんとともにふたり分のときを過ごす妊娠中は、人生のなかでもそう何度もあるわけではない特別な時間。自分自身とゆっくり向き合えるときでもあります。からだの変化、その時期の心境など、そのときのありのままの自分を記録することは、孫にとってもきっと、将来の宝物になるはずです。

お母さんからダイアリーを贈れば、それをきっかけに、「お母さんがあなたを産んだときはね……」などと、素敵な思い出話をするきっかけにもなるでしょう。

1章

妊娠判明～妊娠初期

妊娠判明～妊娠初期の親の役割

新しい命がやってきたこと。それは手放しで嬉しいこと、素晴らしいことです。長く待ち望んだ妊娠かもしれません。あるいは、思いがけない妊娠かもしれません。どちらにしてもまずは、新しい命がわが子の胎内に宿ったことを喜び、歓迎しましょう。

ただ、妊娠初期は非常にデリケートな時期です。娘自身も、嬉しくて舞い上がりそうな気持ちと、不安に押しつぶされそうな気持ちの両方を抱えている場合が多いもの。人によっては着床直後からひどいつわりに悩まされることもありますし、つわりが軽い場合も、生活の急激な変化やこれから母親になるのだというプレッシャーなどで心のバランスを欠いてしまうことがあります。

また、妊娠初期は流産しやすい時期でもあります。流産が起こる確率は全妊娠の15～20％、その9割以上が妊娠初期に起こっています。ほとんどは受精卵の染色体異常などによるもので、母体が原因ではありませんが、流産してしまうかもしれないという不安は、つねに妊娠初期の妊婦さんにつきまとっています。

親として、してあげられることはまず、妊

娠初期は不安定な時期なのだということをまるごと受け止めてあげること。「不安だよね、お母さんもそうだったよ」などと共感の気持ちを示してあげるだけで、娘はどれだけほっとすることでしょう。「重いものを持っちゃだめよ」「からだを冷やさないように気をつけて」など心配のあまりつい注意めいたことを言ってしまうこともあると思いますが、それもひとつの愛情の示し方です。あまり口うるさくなりすぎないように気をつけつつ、「あなたとおなかの子を大事に思っているよ」「喜びも不安も受け止めるよ」というメッセージを送ってあげてください。娘がゆったりおおらかな気持ちでいられるよう、精神的な手助けをしてあげてください。

重度のつわりや切迫流産などで、親として実際に手を貸す必要が生じることもあるでしょう。ただ、妊娠期間は、娘夫婦が父親・母親になるための準備期間でもあります。娘の夫とよく相談して役割分担をし、何もかも親が面倒をみるようなことは避けたほうが賢明です。

?
流産の確率
葉酸とらなきゃ
緑茶も飲んじゃ
ダメなの?
いろいろ不安になるよね…
はじめての出産

娘から妊娠の報告を受けたら？

嬉しい気持ちを前面に出して伝えるのが吉

誤解が生じるとあとまで尾を引く

親への妊娠報告の時期は、人によってまちまちです。嬉しくてすぐに連絡する人もいれば、心音が確認できてから報告する人、「何かあったら心配をかけてしまうから」と安定期に入ってから報告する人もいます。親としてはどのタイミングであっても、娘なりに考えてのことと理解しましょう。

いずれにしても、親は報告を受けたら、「おめでとう。お母さん（お父さん）もとても嬉しい！」「素敵なお知らせをありがとう！」と、喜びを前面に出して祝ってあげるのが吉。妊娠・出産・育児の苦労を知っている親のなかには、これから娘が経験する苦労を思って手放しでは喜べないという人もいるかもしれません。照れくさい気持ちがあって「あら、そう、よかったわね」なんて流してしまう人もいるかもしれません。

でも娘は、親に手放しで喜んでもらいたいのです。新しい命を歓迎してもらいたいのです。手放しの「嬉しい！」を期待して報告したのに、思った反応が返ってこないと、「この妊娠は、このおなかの子は歓迎されていないのだろうか」という誤解を生み、あとあとまでわだかまりが残ってしまうこともあります。何事も最初が肝心。娘の妊婦生活が希望に満ちたスタートとなるよう、やさしくあと押ししてあげましょう。

親戚など周囲への報告は安定期に入ってから

周囲への娘の妊娠報告は、誰に、どのタイミングで伝えるかを娘と相談してからにしましょう。娘としては、「まだほかの人には言わないで」「流産する可能性だってあるのに、祝われるのはプレッシャー」と思っていることもあるからです。

親経由で報告するとよいのは、娘の兄弟姉妹、祖父母、親戚。ただし、〝娘がおじいちゃん子〟など相手との関係次第では、娘本人から伝えたほうが喜ばれるでしょう。

報告のタイミングは、安定期に入ってからが適期。電話で何か話す機会があるときに、「○月に娘に家族が増えることになって」などと伝えるのが自然です。絵ハガキや絵手紙にひと言書き添えるのもよいでしょう。もし「なんでもっと早く知らせてくれなかったの?」と言われたら、「何かあって心配をおかけしてはいけないと思って遠慮していました」と伝えれば、相手もすんなりと受け入れてくれるはずです。

どうする?

親から周囲への妊娠報告

① 親から報告するのがよい相手

娘の兄弟姉妹、祖父母、親戚、
仲人がいれば仲人にも。

② 報告のタイミング

安定期に入ってから、電話や絵ハガキ、
絵手紙で。

③ 報告の言葉例

押しつけがましくならないよう
さりげなく伝えます。

「○月に娘のところに家族が増えることになりました。私も嬉しく、楽しみにしています」

「心配かけると思ってご報告が遅くなりましたが、娘に赤ちゃんができました」

先方ご両親と喜びを分かち合うためには？

両家で情報を共有しておく

行き違いが生じないよう気配りを

娘から妊娠の報告を受けたら、先方ご両親に連絡を入れましょう。たとえ、親同士がふだん頻繁に連絡を取り合う関係ではないにしても、娘の妊娠がわかってから長期間連絡を取り合わないのは不自然です。

その際に、娘に「あちらにはお知らせした？」と声をかけて、先方に報告済みかどうかの確認を。先方が知らないのにうっかり話題にあげたりしたら、「うちのお嫁さん、自分の親にだけ報告して……」などと、わだかまりが生じる原因になってしまいます。もし、娘がまだ先方ご両親に話していない場合は、すぐに報告するようアドバイスを。「義父母にはもう少ししてから」などと娘なりの考えがあるかもしれませんが、こういったことは両家で情報を共有すべきです。娘から先方ご両親に報告するときは、夫経由ではなく娘本

人からも直接伝えるのがよいので、まずは夫に実家に電話してもらい、電話を代わって娘からも報告するよう、娘に提案するとよいでしょう。

親から先方に連絡を入れるときは、「今、娘から聞きました」「私たちの楽しみが増え、ありがたいです」というように、相手を立てつつ、喜びを分かち合える言葉をかければ、相手も快く応えてくれるでしょう。

相手を思いやり花を持たせる

娘が赤ちゃんを授かったことにより、両家の親はこれから祖父母となり、それぞれの役割や関わり方がこれまでと変わっていきます。波風を立てずによい関係を保つためには、まず、情報をオープンにして足並みを揃えること。また、相手を立て、花を持たせる気配りも大切です。

両家の中心となるべきは娘夫婦なので、親があまり出すぎるのはよくありませんが、娘に手本を見せるためにも、娘の夫や先方ご両親への気配りを心がけましょう。「本当に楽しみです。○○さん（娘の夫の名前）やご両親に感謝です」と、言葉にして感謝の気持ちを伝えましょう。

どうする？

先方ご両親への連絡

① 連絡のタイミング

娘に先方に報告したことを確かめてから、
なるべく早めに電話を入れるようにします。

② 先方ご両親にかける言葉例

相手を立て、
花を持たせる言葉を。

「今、娘から聞きました。嬉しくてご連絡させていただきました」

「○○さん（娘の夫の名前）のおかげで、私たちの楽しみが増え、ありがたいです」

「私どもに何かできることがありましたら、お言いつけください」

結婚前に妊娠を報告されたら?

まずは娘の気持ちを受け止める

心を落ち着かせ 娘の話に耳を傾ける

厚生労働省の調べによると、〝授かり婚〟の割合は結婚全体の25%(※)。4人に1人は結婚前に妊娠しているということになり、いまやめずらしいことではないことがわかります。

娘が結婚を意識した交際をしていることをすでに知っていて、「いずれは……」と思っていた場合は問題ないのですが、そうではない場合もあるでしょう。予期せぬ妊娠を娘から告げられたときは、誰でも驚きあわててしまうはず。つい、「どういうこと⁉」「ちゃんと説明して」などと問い詰める口調になることもあるかもしれません。

でも、親が感情的になれば、〝売り言葉に買い言葉〟で娘も感情的になってしまいます。こんな状況のときこそ、親として落ち着いて対応しましょう。娘ももう大人。娘の行

動や判断を信じ、気持ちを受け止める姿勢で娘の話に耳を傾けてあげてください。そしてまずは、「おめでとう。あなたもお母さんになるのね」と娘を認めるひと言を。

納得できなくても受け入れるしかない

新しい命を授かったことは、たとえそれがどんな経緯だとしても、奇跡的で、素晴らしいことです。親として納得がいかなくても、宿った命をなかったことにするわけにはいきません。モヤモヤはあっても、最終的には結婚を認めざるを得ませんし、結婚すれば相手の男性や家族とも親族としてずっとつきあっていくことになるわけですから、それならば、最初から受け止め、受け入れたほうが得策でしょう。

世の中には、なかなか赤ちゃんを授からないことで悩む夫婦も多くいます。それを思えば、妊娠は本当におめでたいこと。この、授かった命を親が肯定的にとらえてくれたかどうかは、今後の孫を含む娘一家との関係にも影響します。まずは冷静になること。最初がとても肝心です。

娘にかける言葉例

**落ちついて言葉を選び、
妊娠を肯定的にとらえたひと言を**

「おめでとう。私もいよいよおばあちゃんになるのね」

「思いがけないことだけど、嬉しいことよ」

これはNG

「どういうことなの?」「順番が違うんじゃないの」などの責めるような言葉はぐっと飲み込みましょう。こういう場合、とくに父親は感情的になりやすいので、母親が冷静になることが大事。

※「平成22年度 出生に関する統計」(厚生労働省)

知りたいことをふたりに確認する

結婚前の妊娠報告の場合、報告の場に相手の男性も同席しているケースが多いでしょう。

相手の男性とあまり面識がないときは、まずは基本的なプロフィールを確認する必要があります。これから娘が結婚しようという相手ですから、遠慮はいりません。ただ、品定めするような態度は避け、穏やかに話せる雰囲気をつくりましょう。否定的に構えず、できるだけ相手の長所に目を向けるよう努めることも大切です。

ふたりのつきあいのきっかけや、結婚式や結婚後の生活プランなど今後の話も聞いておきたいものです。

もし、話のなかで親として気になることがあれば「こういうことはどうなのかしら?」とはっきり言ってしまっても構いません。そこをふたりがどのように克服しようとしているのか気持ちをしっかりと聞きましょう。納得できる言い分をもっているのであれば、心配はいりません。娘と、娘の選んだ人の判断を信頼し、応援してあげましょう。

Check 娘と相手の男性に確認したいこと

- □ **相手のプロフィール**
  名前、年齢、経歴や職業、健康状態、家族の構成や家庭環境など。
- □ **ふたりの関係**
  出会いやつきあい始めたきっかけ、交際期間など。
- □ **ふたりは妊娠についてどう考えているのか**
  妊娠について娘はどう考えているのか、相手はどう考えているのか。ふたりの親になることへの覚悟はどうか。
- □ **結婚や将来についてどう考えているのか**
  ふたりは結婚についてどう考えているのか、結婚後の働き方や生活のプランはあるか、結婚式や結婚後の住居はどうするか。

早めに先方ご両親と会い話を進めていく

授かり婚はスピード勝負です。入籍も、挙式・披露宴も、のんびりしていると適期を逃します。先方ご両親とは、できるだけ早めに会っておきたいものです。結婚前の妊娠では、男性側から連絡があり顔合わせの機会を設けるのが常識的ですが、もし段取りが決まらないのであれば、娘と相手の男性を通して「ぜひ、ごあいさつをさせていただきたいです」というこちら側の前向きな意向を伝え、日時や場所を調整してもらいましょう。

場所は、こちらの家に来てもらうのがよいでしょう。でも、おたがいの事情によっては、個室があり落ち着いて話ができるレストランなど、外で会うのもひとつの方法です。

いざ顔合わせをする際には、親として、リラックスした雰囲気のなかで、両家が率直に話し合える雰囲気づくりを心がけましょう。若いふたりが決めたことに対し、先方ご両親がこちらと違う考えをもっていることもあるかもしれませんが、相手を否定したり、こちらの意見を押しつけたりするようなことは避け、これからどう進めていくのがいちばんよいのか、両家の考えをすり合わせていきましょう。

どうする？

これから調整すべきこと

●入籍のタイミング

できるだけ早めに入籍するのがよいでしょう。

●結婚式をする場合のスケジュール

妊娠初期の体調が不安定な時期やおなかが大きくなる妊娠後期、産後の育児に慣れない時期は避け、妊娠中期の安定期におこなうか、子どもが１歳くらいになり落ち着いてから結婚式をするのがおすすめ。

●周囲への報告

祖父母や親戚には入籍が決まったら報告を。入籍の報告、あるいは式・披露宴の予定のお知らせをまずして、それから「じつは、おなかに赤ちゃんがいるの。順番は逆になっちゃったんだけど、娘も幸せそうだし、旦那さんになる人もすごくいい人で、私も嬉しいのよ」などと報告するとよいでしょう。

妊娠のきほん

産院選びの時期とポイント

出産ができる病産院それぞれに特徴がある

病産院の選択肢としては、総合・大学病院の産科、産科専門病院、助産院が一般的。助産師を呼び自宅で出産する方法もあります。規模や設備、サービス、出産に対する考え方、立ち会い出産ができるか、母子同室か否か、母乳育児を推奨しているか否かなど産院によって違うので、自分が何を優先したいのかを考えて選ぶのがポイントです。

知りたい！

病産院の特徴

●総合・大学病院の産科

ベッド数が多く、設備が充実。ただし、健診の待ち時間が長かったり、大部屋入院になる場合も。内科、外科など複数の診療科が併設し、トラブルの際の対応が早く安心。とくに小児科は、産後、赤ちゃんにトラブルがあった場合にすぐに対応してもらえます。

●産科専門病院

医師、看護師、助産師と産科専門スタッフが揃い、周産期（出産前後の時期）を通して診てもらえます。個室やLDR個室があり、出産方法の選択の幅が広く、入院中の食事など独自のサービスを実施していることが多いのも特徴。赤ちゃんにリスクがある場合や緊急の場合には総合病院に搬送されます。

●助産院

助産師が自宅などで開業し、お産を介助。アットホームで、出産方法の希望や悩みを相談しやすいのが特徴です。会陰《えいん》切開など医療行為はおこないません。

里帰り出産をする場合は親のサポートが必要

病産院選びで親の出番があるとしたら、それは娘が里帰り出産を希望する場合です。

里帰り出産は、妊娠32～35週（妊娠9か月）ごろに転院して出産を迎えるのが一般的ですが、転院先の病産院によっては、妊娠初期の時点で分娩予約が必要です。病産院が少ない地域では予約がとりづらく、また、転院自体を受け入れていない場合もあります。

娘が里帰り出産を希望するときは、地元で出産経験のある親戚や知人に病産院の評判を聞くなどして、娘の情報集めをサポートしてあげるとよいでしょう。

Check 転院先の病産院について確認しておきたいこと

□ 転院を受け入れているか

□ 分娩予約は必要か

必要な場合はいつまでに予約すればよいか。

□ 転院前に健診が受けられるか

可能であれば、転院前に一度健診を受けておくと、コミュニケーションがとりやすくなり安心。

□ 希望する出産方法を実施しているか

フリースタイル出産や計画分娩、無痛分娩をおこなわない病産院もある。

□ 設備、サービスは充実しているか

希望に合っているか。夜間や緊急時の対応や、新生児集中治療室、小児科の有無、両親学級・母親学級や産後のサポート態勢も確認しておきたい。

□ 実家から通いやすいか

トラブル時にすぐに行けるか。交通手段や交通費も確認しておくとよい。

妊娠のきほん

さまざまな出産方法

選択肢は以前より多様化

出産方法は、大きくは「自然分娩」と「計画分娩」に分けられます。自然分娩は、自然に陣痛が始まるのを待って経膣分娩する方法。陣痛の痛みを乗り越えるために呼吸法を取り入れたり、ラクな姿勢で産むフリースタイル分娩という出産法があったりと、ひと口で自然分娩といっても、その出産スタイルはいろいろです。

一方、計画分娩は、分娩日を決めて計画的に出産する方法で、陣痛促進剤を使って人工的にお産をスタートさせます。麻酔薬を使って痛みをやわらげる「無痛分娩」や、おなかを切開して胎児を取り出す「予定帝王切開」も計画分娩といえます。最近は無痛分娩を希望する人が増えています。また、帝王切開になる場合も増えており、２０１１年の統計では、全出産の20％、つまり5人に1人が帝王切開で出産しています。これらの出産方法には抵抗感がある方もいるかもしれませんが、メリットもあります。正しく理解しておけば、もし娘が無痛分娩を希望したり、帝王切開になった場合にも、余計な不安を感じることはありません。

Check 出産スタイルの選択肢

□ LDR室での出産

LDRはLabor（陣痛）、Delivery（分娩）、Recovery（回復）の略。陣痛が始まってから産後回復するまで、LDR室と呼ばれる部屋で、移動することなくリラックスして過ごすことができる。

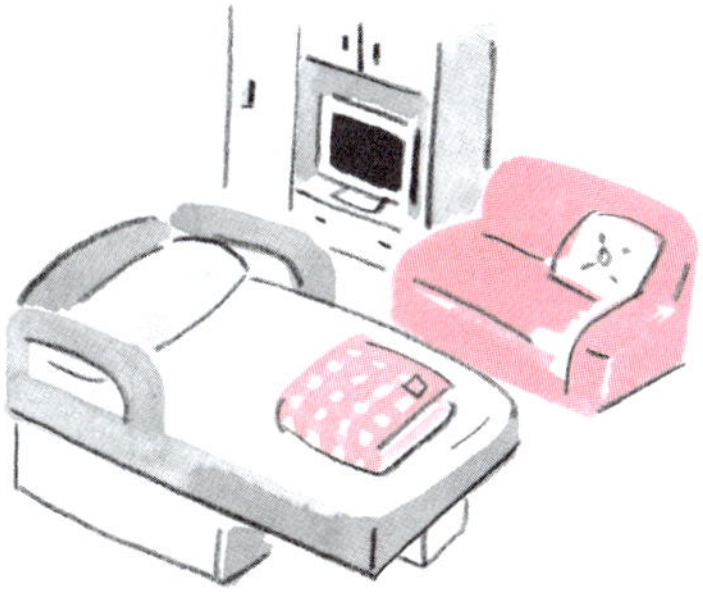

□ 立ち会い出産

陣痛室から分娩まで、夫や家族の立ち会いのもとで出産。見守られることで不安や痛みが緩和され、みんなで出産の喜びを分かち合える。

□ フリースタイル分娩

好きな場所で、ラクな姿勢を選んで出産。分娩台を使わず、ベッドや布団の上で出産ができる。

□ 計画分娩

自然な陣痛を待たずに、分娩日を決めて産む。経腟分娩の場合は、陣痛促進剤などで人工的にお産をスタートさせる。自然分娩のように「いつ産気づくかわからない」ということがないので、分娩日に夫が休みをとって立ち会うなど計画が立てやすい。

□ 予定帝王切開

おなかを切開して赤ちゃんを取り出す方法。多胎妊娠やさかご、母体や赤ちゃんのトラブルなどで経腟分娩がむずかしいと予測される場合におこなわれる。母体への負担は大きいが、赤ちゃんへの安全性が高い。予定帝王切開とは別に、緊急帝王切開もある（→103ページ）。

□ 無痛分娩

麻酔薬を使って、陣痛や分娩時の痛みをやわらげる。母体の消耗が少なく、産後の戻りが早いといったメリットがある。

妊娠初期の母体と胎児

ホルモンバランスが急激に変化

妊娠初期は、妊娠1～4か月（0～15週）の時期をさします。母体では、妊娠を継続させるために女性ホルモンのバランスが急激に変化するため、熱っぽくだるい、肌が荒れる、髪がパサつく、情緒不安定になりイライラする……といった心身のさまざまな症状があらわれます。

子宮内では、子宮内膜に着床した受精卵が根を張り、この部分が妊娠4か月ごろまでに胎盤へと変化。胎盤はのちに臍帯《さいたい》（へその緒）となる組織によって胎児とつながり、胎児はこれを通して、母体から酸素や栄養を受け取り、老廃物や二酸化炭素を送り返すようになります。

妊娠初期は、思いどおりの生活ができず、とてもつらく大変な時期。でも、からだに変化が起こるのは赤ちゃんが元気に育っている証拠。「今はからだを休めるとき」と、前向きな気持ちになれるよう、周囲も気遣ってあげましょう。

胎児の脳や内臓など器官が形成される時期

「胎芽」と呼ばれる着床後の受精卵はほんの0・1ミリほど。それが細胞分裂をくり返し、次第に頭、胴体、手足の区別がつくようになり、妊娠4か月には10センチほどの、人間らしい姿をした「胎児」となります。

この間に、脳や神経、心臓など内臓の原型も着々とできあがります。聴覚や嗅《きゅう》覚も発達。そして、妊娠中期に入るころまでには骨格がほぼ完成し、羊水の中で動くようすが確認できるまでになります。

妊娠初期は赤ちゃんの器官が急速に発達する時期。赤ちゃんへの影響を考えて、喫煙や飲酒などの習慣がある人は見直す必要があります。

Check 妊娠初期に注意すること

□ タバコは吸わない

タバコに含まれるニコチンや一酸化炭素は血管を収縮させ、赤ちゃんに十分な酸素や栄養素がいきわたるのを妨げる。まわりの人の喫煙による受動喫煙にも注意。

□ コーヒーや紅茶は控えめに

コーヒーや紅茶にはカフェインが含まれ、とりすぎると流産や低出生体重児の確率が高まるとされている。ただし、食事のあとに1杯飲むくらいならOK。カフェインは、緑茶やチョコレートにも含まれているので注意。妊娠中は麦茶などノンカフェインの飲み物がおすすめ。

□ アルコールは控える

アルコール分は胎盤を通り、ほぼそのまま胎児に送られる。毎日大量に飲むと、胎児性アルコール症候群を引き起こす危険も。ただし、たまにビールやワインを1杯飲む程度ならOK。

□ 薬の服用に気をつける

赤ちゃんのからだや器官がつくられる妊娠初期、とくに妊娠4～8週ごろは、薬を服用すると奇形などのリスクが上昇する場合がある。ただし、風邪薬など一般的な市販薬は薬効成分が少なめ。妊娠を知る前に飲んでしまったとしても問題はないので安心を。

妊娠のきほん

妊娠初期の食事

つわりは体内で命が育まれている合図

妊娠初期にからだに起こる変化のうち、おもに消化器系の症状を「つわり」と呼びます。その症状は人によってさまざまで、吐き気がしたり、においに敏感になったり、思うように食事ができなくなるつわりもあれば、反対に、何か食べていないと気持ちが悪くなる〝食べづわり〟もあります。つわりが続く時期も人それぞれで、早い人は妊娠5週ごろから始まり、妊娠4～5か月ごろに治まる場合が多いのですが、なかには出産直前まで続く人もいます。

妊婦さんにとってはつらい状況ですが、つわりはおなかの中に赤ちゃんがいることの合図。「食べ物や生活に気をつけて」と、教えてくれているのかもしれません。

つわりは、まわりの人がどうにかしてあげることができません。親としては、温かく見守り、「いつかは必ず終わるよ」と言葉をかけてあげてください。

今どきの常識

つわりのときに無理して食べる必要はない

以前は「無理してでも食べなくては」といわれたものです。でも、赤ちゃんの生命力はとても強く、食べなくても、母体に蓄えられた栄養をとってちゃんと成長していけます。つわりのときは「食べられるときに、食べられるものを、食べられるだけ」がきほんです。

食べ物に神経質になりすぎないほうがよい

妊娠中は、お母さんが食べたものが赤ちゃんに影響を及ぼします。でも、母体と胎児を結ぶ胎盤には、とても優れた〝赤ちゃんを守るための機能〟が備わっていて、お母さんが食べたものがそのまま赤ちゃんに送られるわけではありません。食べるものに神経質になりすぎるよりも、偏食をせず、バランスよく食べることのほうが大切です。

ただし、なかには避けたほうがよい食べ物もあります。なぜ食べたほうがよいのか、食べないほうがよいのか、それぞれの理由をきちんと理解しておけば、食べ物への不安はぐんと減るでしょう。

知りたい！

妊娠中に注意したい食べ物とその理由

（妊娠中に積極的に摂取したい栄養素→67ページ）

●葉酸は適量を摂取

葉酸はほうれん草や枝豆、アスパラガス、海藻などに含まれるビタミンB群の一種。摂取することによって、胎児の神経に関する障害の発症リスクが抑えられるとされている。妊婦は1日0.4㎎（ふだんの2倍）以上を摂取するよう推奨されている。

●マグロやカジキなど一部の魚は控えめに

マグロ、カジキ、キンメダイなどの魚には、胎児の神経の発達に影響を及ぼすメチル水銀が蓄積しており、厚生労働省では食べすぎないよう呼びかけている。ただし、週1回程度食べる分には問題はない。

●ナチュラルチーズや生肉は食べないほうがよい

妊娠中、これだけは避けたほうがよいという食べ物は、生肉（レアステーキ、生ハム、サラミソーセージなど）とナチュラルチーズ。その理由は、「トキソプラズマ」や「リステリア」が付着していて、感染する可能性があるため。トキソプラズマとは寄生虫の一種で、妊娠中に初感染すると、胎児が流産したり先天性トキソプラズマ症という病気を発症したりする可能性がある。一方、リステリアとは発熱や頭痛などの症状を引き起こす菌で、早産や流産の原因になるとされている。

妊娠のきほん

妊婦健診でおこなうこと

定期的に母体と胎児の状態をチェックする

妊婦健診は、妊娠が判明してから出産まで、定期的に受けるものです。スケジュールは、妊娠初期は1～2週に1回、妊娠4か月から6か月までは4週に1回、妊娠7か月から9か月は2週に1回、妊娠10か月に入ったら毎週、というのが一般的。体重測定、血圧測定、尿検査といった基本的な検査のほか、時期によって血液検査や超音波検査がおこなわれ、母体の状態や胎児の成長を確認します。

妊婦健診といえば、楽しみなのが超音波検査でしょう。超音波検査では、超音波（エコー）を発信するプローブと呼ばれる器具を膣内に入れたり、おなかに当てたりして、子宮内のようすをモニターに映し出して見ます。胎児の心拍を聞くことができ、赤ちゃんが成長するにつれて、顔つきや、指しゃぶりをするようなしぐさなども確認できるようになります。

娘が希望するなら親がつきそってもよい

娘が出産する産院を見てみたい、道中何かあるといけないので心配、といった理由で、妊婦健診につきそいたいと考える人もいるでしょう。実際、母親同伴で来る妊婦さんも少なくありません。

産院によっては、娘と一緒に診察室に入り、超音波検査を見ることができるところもあります。おなかの中でしっかりと生きようとしている赤ちゃんの姿を娘とともに見られたら、どんなに幸せなことでしょう。おばあちゃんになる実感もわいてくるかもしれません。

もちろん、「恥ずかしいから来ないで」という妊婦さんもいますから、娘が「お母さんに一緒に来てもらえると安心」という場合に限ります。また、待合室が混んでいたら周囲に目を配り、つきそいが座ってほかの妊婦さんが立っているような状況にはならないよう気をつけましょう。

妊婦健診のおもな内容

〈毎回受ける検査〉

【**尿検査**】妊娠高血圧症候群や妊娠糖尿病の早期発見のため、尿たんぱくや尿糖などを調べる。

【**体重測定**】体重の増減をチェック。体重そのものよりも、増え方が重要。

【**血圧測定**】妊娠高血圧症候群などの早期発見に役立てる。

【**浮腫検査**】浮腫とはむくみのこと。足をさわるなどしてチェックする。

【**内診**】妊娠初期と後期に子宮口の開きなどを確認。

【**子宮底長・腹囲の測定**】妊娠中期以降、おなかの大きさを測る。

〈必要に応じて受ける検査〉

【**超音波検査**】超音波によって胎児の状態を確認。病院によっては毎回おこなうところもある。

【**血液検査**】HIV（エイズ）や風疹などの抗体や貧血を確認。

【**おりもの検査**】B群溶連菌（GBS）やカンジダなど産道感染と関連する膣分泌物の検査。

【**ノンストレステスト（NST）**】妊娠後期に1～2回、胎児心拍と胎動を観察。

妊娠のきほん

妊娠初期に起こりうるトラブル

「異常妊娠」と「流産」

多くの人は、月経の遅れによって妊娠に気づきます。受精卵が子宮内膜に着床すると、子宮内膜がはがれ落ちずに妊娠を継続させる準備を始めるため月経がこないわけですが、着床していても、受精卵が正常に育たない場合があります。これが「異常妊娠」と「流産」です。

　異常妊娠には、受精卵が子宮ではなく卵管や卵巣に着床する「異所性《いしょせい》妊娠（子宮外妊娠）」や、絨毛《じゅうもう》という組織が子宮内に増殖する「胞状奇胎《ほうじょうきたい》」があります。いずれにしても妊娠は続かず、流産するか、手術によって処置をすることになります。

　一方「流産」は、子宮内の赤ちゃんが育たずに妊娠22週までに亡くなってしまうこと。受精卵の染色体異常など胎児側に原因がある場合と、子宮筋腫や子宮内の感染などによるものがありますが、妊娠初期に起こる流産は、ほぼ赤ちゃん側の原因です。

万が一のときはよりそうだけでよい

　残念ながら、妊娠初期に赤ちゃんが育たないということは少なくありません。それがわかっているため、妊婦さんは安定期に入る妊娠5か月ごろまで、日々、不安を抱えながら過ごすわけです。

　でも、万が一、妊娠が中断してしまったとしても、それは自然の営みのなかでさまざまな要因が重なって起こったこと。避けることはできなかったのです。

親としては、元気づけてあげたいと思うでしょうが、「またがんばればいいじゃない」などと励ましたつもりの言葉が、そのときの娘にはプレッシャーになることも。「この子がきてくれたことには、きっと意味があるね」と、現実を受け入れられるよう、温かい言葉をかけてあげてください。

「切迫《せっぱく》流産」はほぼ無事に出産できる

「切迫流産」とは、流産になりかかっている状態をいいます。切迫流産の場合、子宮内で胎児が順調に育っていれば妊娠を継続することができ、無事に出産できるケースがほとんどです。状態によって入院が必要となる場合もありますが、自宅で過ごして問題ない場合もあります。

もし娘が切迫流産と診断されたら、親としてもできるだけのサポートを申し出てあげたいものです。

知りたい！

切迫流産のときのサポート

切迫流産の状態にもよりますが、もし、自宅療養でも食事やトイレ以外は寝ていなければならないような状態のときは、誰かのサポートが必要です。基本的には娘夫婦でなんとかできるとよいのですが、近居で時間をつくることができ、娘のところに行けるならば、娘の夫が働いている日中などに手伝いに行ってあげるとよいでしょう。切迫流産を乗り切るために、里帰りを検討するという方法もあります。
ただし、妊娠中はなんにせよ、娘の夫が父親になる練習の機会。その機会を奪うことにならないよう、手出しをしすぎないといった気遣いは必要です。

妊娠のきほん

高齢出産や多胎妊娠の場合

年々増加している「高齢出産」

35歳以上の出産を「高齢出産」といいます。厚生労働省の調査によると、第一子出生時の母親の平均年齢は2012年で30・3歳（※）。40歳以上での出産もめずらしいことではありません。

高齢出産は、統計的にみてリスクが高いとされています。たとえば、妊娠高血圧症候群や妊娠糖尿病を起こしやすい、流産や早産になりやすいといった母体のリスクのほか、低出生体重児になりやすい、染色体異常の確率が高くなるといった赤ちゃん側のリスクもあげられます。

ただし、何歳で出産するにしても100％リスクがないということはありません。また、年齢を重ねての出産はデメリットばかりではなく、若いときよりも経済的・精神的に余裕があり、ゆったりと出産にのぞめるといったメリットもあります。

高齢出産の場合、妊婦さんはどうしてもリスクが気になってしまうもの。親としては、不安が軽減し、前向きな気持ちで出産が迎えられるよう、気遣ってあげてください。

母体への負担が大きい「多胎妊娠」

〝双子〟や〝三つ子〟のように、ふたり以上を同時に妊娠することを「多胎妊娠」といいます。多胎妊娠は、自然妊娠の場合は全妊娠の1％程度ですが、不妊治療で排卵誘発剤を使うと約5～10％の割合で起こるといわれています。

※「平成26年版少子化社会対策白書」（内閣府）

多胎妊娠も、高齢出産と同様にリスクが高いといわれます。妊娠高血圧症候群など母体のトラブルが起こりやすく、低出生体重児が生まれやすいという統計もあります。

そもそも、多くの場合はひとりが育つ子宮内でふたり以上が育つわけですから、妊婦さんは大変です。早くから子宮が大きくなって腸が圧迫されるため、便秘が長く続いたり、貧血になりやすかったりと、トラブルが起こりやすくなります。また、さかごや早産になりやすい傾向も見られます。

多胎妊娠の場合、じつは生まれたあとも大変です。双子であれば、ふたり分のお世話、必要なベビー用品などもふたり分。ふたり同時に抱っこすれば当然2倍の重さですし、ひとりが寝たと思ったらもうひとりが泣き出したり、お母さんはからだを休めるひまもありません。体力も費用も倍以上必要なのです。親としては、妊娠中はもちろん、産後も頭に入れて、できる限りのサポートをしてあげたいものです。

知りたい！

高齢出産や多胎妊娠は帝王切開になることが多い

年齢を重ねるほど分娩のための機能が低下するため、高齢出産の場合は、子宮頸管《けいかん》がやわらかくなるのが遅れたり、陣痛が弱かったりして、なかなかお産が始まらず、帝王切開になることがあります。一方、多胎妊娠の場合、現在は安全性を考え、予定帝王切開になることが多いようです。

高齢出産や多胎妊娠に限らずお産を乗り切るには、栄養をとり、からだを休めて体力をつけ、万全な態勢で出産を迎えられるようにすることが大事です。

妊娠のきほん

出生前診断《しゅっせいぜんしんだん》とは何か

妊娠中に胎児の病気を判定する

「出生前診断」は、妊娠中に胎児の疾患の有無を調べるものです。時期は検査の種類によりますが、妊娠10~18週の間におこなわれます。

検査には、胎児の画像から形態異常など予測する「超音波検査」、母体の血液を調べてダウン症候群などの確率を調べる「血清マーカー検査」、羊水を採取して染色体異常を調べる「羊水検査」などがあります。

また2013年からは、母体の血液を採取するだけで染色体異常がわかる「新型出生前診断」も実施されています。

知っておきたいのは、検査ですべての異常がわかるわけではないということ。検査で異常が見つからなくても、赤ちゃんがほかのトラブルを抱えて生まれてくることもあるのです。また、検査によっては、検査をすることで流産の確率が高まる場合があることも覚えておきましょう。

知りたい！

ダウン症候群について

ダウン症候群は、21番目の染色体異常による症状です。知的障害や先天性心疾患をともなう場合が多くありますが、早期療育によって、のびのびと健やかに育つ人が増えています。頑固で、人懐っこく明るい性格が特徴的。これも、素敵な個性のひとつといえるでしょう。

検査自体に よい、悪いはない

出生前診断には、さまざまな考え方があります。異常が見つかったときに中絶を選ぶ人も多く、「命の選別につながるのでどうなのか」と否定的な人もいれば、「生まれてくるまでに準備ができる」「治療可能な先天的異常を早期に発見できる」と肯定的な人もいます。

「ほかの人が受けているから」などという理由で受けるかどうか迷う人がいるようですが、大切なのは自分たち夫婦がどうしたいか、どんな結果でも受け止める覚悟があるかということ。迷って結論が出せないのであれば受けないほうがよいし、ふたりで決めたのであれば前向きな気持ちで受けるべきです。

こうした覚悟は、出生前診断に限らず、親になっていく過程で必ず行き当たることかもしれません。医学の進歩などでさまざまなことがわかるようになり、情報があふれる今、覚悟を決め、選択をしていかなくては前に進めないのです。たとえ、思いどおりでなくても、与えられたもののなかで生きていくのが人生ともいえるかもしれません。

親としては、娘から出生前診断を受けるかどうか相談されたときは、「自分たちの人生。夫婦ふたりで向き合ってよく考えて」とアドバイスできるとよいでしょう。もし、検査を受けて異常が見つかったら、できるだけ夫婦の選択を尊重してあげてください。

娘にかける言葉例

前向きに受け入れられるよう導いてあげて

「お母さんはどんな子でも嬉しいよ」

「あなたが強くて耐えられる人間だから、この子を授かったんだね」

ポイント

もし異常が見つかった場合、本人はそれをきちんと受け入れるまで時間がかかるかもしれません。言葉をかけるよりも、ただよりそうというのもひとつの方法。

ちょっと
気になる

娘のホンネ〈妊娠初期編〉

手放しで喜びを表現してほしかった！

私は一度流産を経験していたので、その後、妊娠がわかったときには本当に嬉しくて、すぐに母に報告。でも、母は「うん」とそっけなく答えただけ。あれ、嬉しくないのかな、と寂しく思い、あとでそのことを母にたずねたところ、「喜ぶと傷つけると思った」とのこと。また流産したら……と気遣ってくれたのだと思いますが、私は母の喜ぶ顔が見たかったのです。

（美咲さん　32歳）

嬉しくて母がみんなに妊娠報告を…

妊娠したことを、まず母に伝えたのですが、「まだみんなには言わないでね」と口止めしたのに、母は祖母や叔母に話してしまい……。みんな喜んでくれてありがたかったのですが、早々にお祝いをいただいたりして、少し困惑。結局、何事もなく無事に出産できたからよかったのだけれど、安定期になるまでは内緒にしてほしかったです。

（ちひろさん　26歳）

食べ物を送ってくれたけれど食べられませんでした

つわりのときに、実家の母が「これなら食べられると思って」と、トマトや果物を送ってくれました。ありがたいと思いつつも、私は全然食べられなくて、気遣いをムダにして申し訳ないやら、プレッシャーを感じるやら、複雑な気持ちでした。今は母が出産した時代と違って、無理して食べなくていいんだよ、と言いたかったです。

（麻衣さん　23歳）

2章

妊娠中期～妊娠後期

妊娠中期〜妊娠後期の親の役割

　妊娠中期（妊娠5か月〜）に入ると、多くの人は体調も安定し、妊婦としての生活にも慣れてきます。それでも、はじめての妊娠では、悩むことも多いでしょう。親としては、引き続き、あなたをいつでも気にかけているという気持ちを示し、ときに不安になる心によりそってあげることが大切です。

「いつでも連絡してきてね」「なんでも言ってね」と言葉をかけ、娘から必要とされるときには、話を聞いてあげられるようにしておきましょう。「離れていてもあなたを思っているよ」と、栄養のある食品や、娘の好物などを送ってあげるのもよいでしょう。

　ただし、心配だからと親のほうからたびたびようすをたずねていると、うるさがられることもあります。娘と相談し、たとえば毎週水曜日の10時とか、5のつく日とか、おたがいの都合のよい日時を決めて、定期的に連絡をとるようにするのもひとつの方法です。連絡といっても「どう？　変わりない？」と簡単なもので十分。娘が忙しそうなら、すぐに電話を切りましょう。とくに話すような心配事がなければ、それがいちばんです。でも、妊婦はささいなことが気になるもの。

出産が近づいてくると強い不安感に襲われることもよくあることです。心配事のないときからコミュニケーションを密にし、娘が話しやすい態勢をつくっておくのがベストです。

妊娠中期からは、出産に向けさまざまな準備も始まります。アクティブにマタニティーライフを楽しめるとき。娘が、よいマタニティーライフを過ごせるようサポートするとともに、ぜひ一緒に準備などを楽しみましょう。この時期をともに楽しんで過ごすことで、孫の誕生やその成長がより嬉しく、幸せに感じられるはず。また、娘の舅《しゅうと》、姑《しゅうとめ》にもそう感じてもらえるよう、娘には折にふれ先方にも近況を伝えるよううながし、できるだけ夫の両親とコミュニケーションをとるようにすすめることも大切です。

妊娠中期から後期は、親子の絆を強めるチャンスです。しつこくない、さらりとした声かけを心がけ、ときに一緒に外出をするなどして、共有できる思い出をたくさんつくっていきましょう。

この機に伝えておくべきことは？

娘が生まれたときのことを話しておこう

妊娠中の気持ちを思い出してみる

あの日、自分がおなかを痛めて産んだ子が、自分と同じ妊娠・出産のプロセスを経て母親になろうとしている。大きくなってきたおなかを愛おしそうに見つめる姿に、ありし日の自分の姿を重ねる方もいらっしゃるでしょう。

安定期に入り胎動を感じるようになると、母親になるんだという自覚も少しずつわいてきます。この機にぜひ、自身の経験を娘に話して聞かせることをおすすめします。これから出産・育児にのぞむ娘にとって、いちばん身近な先輩である母親の経験談は参考になりますし、同時に自分が親に愛されて産み育てられたことを再確認するよいきっかけにもなります。

思い出してみましょう。妊娠がわかった日のこと。まだ若かった夫の嬉しそうな顔。大きなおなかを抱えて過ごした不安と期待に満ちた日々。つらかった陣痛のこと、そのあとの大きな喜びのこと。はじめて見た産まれたての娘の顔、産声、体温……。

母子手帳を活用しよう

思い出す手がかりとして役立つのが、娘を産んだときの母子手帳です。母子手帳を一緒に見ながらの思い出話であれば、さりげないアドバイスも自然にできます。娘も興味をもって耳を傾けるはずです。妊娠中や、子どもの成長の記録が記された母子手帳は愛情が詰まったもの。育児日記などをつけていたら、それもぜひ見せてあげてください。「こうして大切に育ててきたのよ」と、娘への愛情を伝えることで、娘もまた自分の子どもへの愛情を深めていくことでしょう。親から子への愛情がそうやって代々つながっていくことは、とても素敵なことです。

また、妊娠・出産・育児の研究は日進月歩で、昔の常識が、今では非常識とされていることもあります。母子手帳の内容も、昔と今では違っている部分があるでしょう。母子手帳を見比べ、娘と一緒に違いを見つけるのもおもしろいものです。

どうする？

「おばあちゃん」と呼ばれたくない気持ちの整理

新しい家族の誕生は嬉しいけれど、自分が「おばあちゃん」という立場になることにはどうも抵抗がある、といった感情をもつ人は少なくありません。「おばあちゃん」と呼ばれるなんて絶対にイヤという人も……。「おばあちゃん」という響きが、もっと高齢の女性を思い起こさせるからでしょうか。「おばあちゃん」と呼ばれることで、急に老け込んでしまうように思えるのでしょう。
でも、「おばあちゃん」は、年齢は関係なく、孫と祖母の関係性をあらわすための呼び名。自分が子を産み、子が孫を産んだという幸せな歴史を、「老いた」というマイナスイメージでとらえてしまうのはもったいないことです。
最近では、「じいじ」「ばあば」という呼び方も一般的になりつつあります。「おばあちゃん」に抵抗がある方は、「ばあば、と呼んでもらいたいんだけれどいいかな？」と娘夫婦に聞いてみるのもよいかもしれません。祖父母をどう呼ばせるかは、親の教育方針とも重なるところなので、話し合って決めるのがいちばんです。

名づけにはどう関わる？

提案はOK、でも決めるのは娘夫婦

親である娘夫婦の意見を尊重すべき

以前は、その人にあやかりたいという思いから、高名な人や長寿の人、また、親族の年長者などに赤ちゃんの名づけを頼むことがよくありました。でも現在では、赤ちゃんの名前は両親が考えるのが一般的です。

祖父母とはいえ、ここは娘夫婦の考えを尊重するべき。名前は両親からの最初のプレゼントともいわれます。一生使っていく名前を責任もってつけることができるのは、やはり両親です。

もし、孫につけたいと思っている名前があれば、提案をしてみてもよいでしょう。ただし、ゴリ押しはいけません。夫や先方ご両親の意見も立てなければならない娘の立場もあります。愛する娘を悩ませてしまっては本末転倒。妊娠・出産で繊細になっている娘のことを考えてあげましょう。

知りたい！

最近人気の名前

最近は、自然を感じさせる漢字を使った名前（蓮、晴、花、桜、杏、陸など）や、やわらかい響きの名前（うた、あおい、ひなた、はな、ゆうま、ゆあなどア行やハ行やヤ行の名前）が人気です。一字名や、女の子の場合は2音の名前が増えているのも最近の傾向です。

娘が驚くような名前を考えたときは

名前に使える漢字は常用漢字、人名漢字と決まっていますが、文字の読ませ方には規制がありません。どんな読みをつけても自由。そのため、ふつうの漢字の読み方から考えたら、とても読めないような個性的な名前も増えています。

娘夫婦が、驚くような名前を考えることもあります。それでも、娘たちが赤ちゃんのために知恵を絞って考えた名前。頭から否定するのは控えましょう。まずは「あなたたちの意見を尊重したい」と認め、そのうえで「どんな願いを込めた名前なの？」「赤ちゃんが大きくなったときに、名前の由来を聞いて、愛されて生まれてきたことを実感できる名前だと素敵ね」「あまり個性的だと、将来子どもが困ったりしないかしら」などと伝えてみましょう。

どうする？

先方ご両親が強引に名づけをしようとするとき

娘夫婦が納得していれば問題はないのですが、もし先方ご両親が強引に赤ちゃんの名前を決めようとしているときには、娘の夫に説得にあたってもらうようアドバイスを。娘が直接先方の両親に意見すると、あとあとまで尾を引きかねません。
娘に対しては、「困ったね」とまずは気持ちによりそい、「ご両親も、生まれてくる赤ちゃんを大切に思ってのこと。意見を変える必要はないけれど、譲れるところがないか探ってみて。みんなの願いが込もった名前をもらう赤ちゃんは幸せよ」などと話してあげて。うまい落としどころが見つかるよう、婿にがんばってもらいましょう。

帯祝いはどうする？

腹帯《はらおび》は母方の親が用意するのが習わし

はじめてのお祝いを家族で喜ぶ

赤ちゃんには、その健やかな成長を願い、喜ぶ、祝いの行事がたくさんあります（→146ページ）。そんなお祝い事のはじめが「帯祝い」。妊娠5か月に入った戌《いぬ》の日に腹帯を巻いて妊娠を喜び、安産を祈ります。

一般的に妊婦の実家の役割とされるのが、「岩田帯」といわれる腹帯を贈ること。まずは娘に「岩田帯を用意して贈るね」と声をかけ、お祝いをどうするのか確認を。地域によって祝い方にも違いがあります。夫の両親にも相談するようにうながしてあげるとよいでしょう。

なんとなく妊娠期間を過ごして出産を迎えるより、こうしたイベントをおこなうことで、娘夫婦にも母親や父親になる自覚が芽生えていくもの。家族が集まってお祝いをすれば、みんなで赤ちゃんを迎える雰囲気がととのっていきます。

ただ、大切なのは主役の妊婦である娘の体調。仕事をもっている場合は、日程の調節も大変なはずです。負担にならないように、夫婦だけでお祝いをするというのなら、それも認めてあげたいもの。祝いの岩田帯を贈り、娘夫婦には改めて「おめでとう」の言葉をかけてあげましょう。

知りたい！

帯祝いの祝い方

地域により、さまざまな慣習が残っています。ここでは、広くおこなわれているものを紹介します。

●いつ行う？

妊娠５か月の戌の日におこなうのが習わし。犬が多産でお産が軽いことにあやかっているといわれます。今では、妊婦の体調や、家族の予定などを考え、戌の日にはこだわらないで、よい日取りを組むことも多くなっています。

●何をする？

腹帯を巻く

→岩田帯をおなかに巻く、着帯の儀式をおこないます。本来は、子宝に恵まれた人や仲人、妊婦の夫や、母親、姑など、誰かに巻いてもらうものですが、今はとくに儀式といったことはせず、自分で巻くことが増えています。病産院で巻き方の指導があったり、実際に巻いてくれたりすることもあります。

安産祈願のお参りをする

→帯祝いにあわせて安産の神様にお参りをする風習もあり、安産祈願で有名な神社では、腹帯を持参するとお祓《はら》いをしてくれたり、お祓いを済ませた岩田帯が用意されていたり、祈祷の記念に腹帯を授与してくれたりします。祈祷料など、神社のようすを調べてから参拝すると安心です。

祝い膳を囲む

→帯を巻いたあとや安産祈願のお参りのあとなどに、家族で祝い膳を囲むこともよくあります。娘と相談し、祝いの席の手配や、費用負担をしてあげるのもよいでしょう。

●岩田帯の贈り方は？

妊娠５か月の戌の日までに、のしをつけ、赤白ちょう結びの水引で贈ります。娘に贈る場合の表書きは「祝の帯」「祝い帯」など。着帯の儀式で使う紅白二筋の絹の帯と、ふだん使い用のさらし木綿のものを贈るのが正式でしたが、最近では儀式にも木綿の帯を使うのが一般的。木綿の帯だけを贈るのがふつうです。お祓いをしてもらった帯に、安産のお守りなどを添えて贈るとよいでしょう。

岩田帯は、安産祈願で有名な神社やデパート、赤ちゃん用品の店、インターネットなどで購入できます。実用的な腹巻きタイプの妊婦帯、マタニティーガードルをあわせて贈るのも喜ばれます。娘に確認してみましょう。

出産準備はいつごろから始める？

妊娠中期からリサーチを開始

経験をもとにしたアドバイスを

生まれてくる赤ちゃんのことを考えながら、あれこれと出産準備をととのえる時間は幸せなひととき。体調が安定する妊娠中期に入ったらリサーチを開始し、少しずつ進めていきます。遅くとも8か月ごろには準備を済ませておきたいものです。

ただ、情報があふれ、便利な育児グッズがさまざまあるなか、準備品の選択などに頭を悩ませてしまう妊婦も多いのが現実。親としては先輩の立場から、「ないと困るもの」「用意したけれど使わなかったもの」「とても重宝したもの」などの情報を娘に伝えてあげましょう。すでに孫をもつ仲間からの情報も役立つはず。「母乳をあげるとのどが渇くので、片手で開閉でき、そのまま飲めるような水筒があると便利」といった、実際の経験にもとづいたアドバイスが何より必要とされています。

いとこのえみちゃんが
授乳中はのどが
すごく渇くから
ワンプッシュの水筒が
便利って言ってたわ

Check 出産前に用意しておきたい ベビーと産後ママのグッズ

（入院グッズ→99ページ）

退院後1か月くらいまでに必要なものを準備しておきます。

【ベビー】

□ 衣類

季節に合わせた短肌着、長肌着、コンビ肌着などの肌着と、2WAYオール。

□ 寝具

布団セット、シーツ・カバー、ベビーベッドなど。大人のベッドの上に置いて使う新生児用ベッドもある。赤ちゃんの暮らす部屋をどうするか考えて準備。

□ 入浴・衛生用品

ガーゼハンカチ、沐浴布、ベビーバス、湯温計、ベビー用石けん、ベビー用綿棒、ベビー用つめ切り、バスタオル、ベビー用体温計、ベビー用のくし、ベビーローション・オイル、赤ちゃん用洗濯洗剤。

□ おむつ

紙おむつ（新生児サイズ）、おしり拭き、おむつ替えシート。布おむつ使用の場合は、布おむつ、おむつカバー、おむつライナー、おむつ用バケツ。低月齢期はうんちの回数が多いので、拭かずにお湯で流すおしりシャワーなども便利。

□ 授乳用品

授乳クッション、哺乳瓶、乳首、粉ミルク、哺乳瓶用ブラシ。母乳で育てるつもりでも、ミルクセットを念のため用意しておくと安心。

□ おくるみ

バスタオルで代用も。

□ 外出用品

チャイルドシート、新生児期から使える抱っこひも。

【産後ママ】

□ 産褥《さんじょく》ショーツ、生理用ショーツ

□ 産褥パッド、生理用ナプキン

□ 授乳用ブラジャー

□ 使い捨ての母乳パッド

□ 授乳用パジャマ

前あきのパジャマでも。

□ 乳首のトラブル用軟膏、オイル

馬油、羊の油など。また、病産院で退院時に処方してくれる場合も。

□ 骨盤ベルト

産後すぐにウエストニッパーなどで締めつけることはしない。

妊娠のきほん

妊娠中期の母体と胎児

安定期に入り 胎動を感じ始める

つわりも治まり、体調も安定する妊娠5〜7か月（16〜27週）が妊娠中期。おなかがふっくらしてきて、胎動を感じるようになるなど、妊娠を実感できる時期です。

ただ、大きくなるおなかや、乳腺が発達してくる胸が負担となって、腰痛や肩こり、むくみ、便秘などが起こりやすくなります。貧血やめまいを起こす人も。安定期とはいえ、疲れたら休むのが原則。体調がよくなり、張りきりすぎてしまいそうな娘には、無理をしないように伝えましょう。変化するからだをサポートするよう、マタニティーインナーの用意も必要になってきます。

おなかの赤ちゃんは、人間としてのさまざまな機能がどんどん発達し、動きも活発に。6か月になれば、性別の区別ができるようになり、聴覚もほぼ完成。外の音も聞こえるようになります。やさしい声で、たくさん話しかけてあげたいものです。

娘がまぶしい…
こんにちは、赤ちゃん！みんなであなたを待ってるよー！

規則正しい生活と適度な運動を

心身ともに安定するこの時期、妊婦には、生活のリズムを規則正しくととのえていくことが望まれます。早寝早起きを心がけ、三度の食事でしっかり栄養をとることがきほん。体調に心配がなければ、ウォーキングなどの適度な運動をして、体力や筋力を落とさないようにすることも大切です。出産には体力が必要。親としては、あまり世話を焼きすぎず、家事などで意識してからだを動かすようにすすめましょう。

また妊娠中期は、妊娠中の旅行にはもっとも適した時期。おたがいの楽しい思い出となるように、外出に誘ってみるのもよいでしょう。

知りたい！

最近の体重コントロールの考え方

つわりも治まり、おいしく食事ができるようになる妊娠中期は、それまでの反動でつい食べすぎてしまいがち。でも、あまり急激に太ると、妊娠高血圧症候群（→68ページ）などになりやすく、出産時のリスクも上がります。

ただ、食事を制限しすぎて体重が増えないことも問題です。妊娠中のママの栄養不足は、おなかの赤ちゃんにも影響します。生まれたときの体重が2500gに満たない低出生体重児は、成長したときに肥満や生活習慣病になりやすいということもわかってきています。

妊娠期間中の体重増加の基準は、妊娠前のBMIをもとに以下のようになっていて、1週間の増加は0.3〜0.5kgが理想とされています。最近はもともとやせている女性が多く、そのため体重があまり増えないことにも注意が必要と考えられています。

妊娠前のBMIが

- ●18.5未満（やせ気味） → ＋9〜12kg
- ●18.5〜25未満（普通体型） → ＋7〜12kg
- ●25以上（肥満気味） → 原則として個別対応、＋5kgが目安

※BMIは肥満度を知る指数。体重(kg) ÷｛身長（m）×身長（m）｝で計算される。

妊娠のきほん

妊娠後期の母体と胎児

大きくなったおなかで動くのもおっくうに

妊娠8～10か月（28～39週）が、妊娠後期といわれる時期です。おなかはますます大きくなり、大きくなった子宮が胃や心臓、肺、膀胱などを圧迫するため、胃もたれや、動悸、息切れ、頻尿などの症状が起こりやすくなります。軽い尿もれもよく起こる症状。専用のライナーやパッドでケアできます。

おなかの赤ちゃんは、9か月に入るころには新生児とあまりかわらないくらいにまで成長し、頭を下にした体勢に落ち着きます。外に出る準備のため、骨盤内におりてくると、妊婦は恥骨や足のつけ根に痛みを感じたり、足がつったりすることもあります。

おなかの張りを感じるようになり、またおなかが重くて寝た体勢から起き上がるのも一苦労で、動くのもおっくうな時期ですが、だからといってゴロゴロして動かないでいるのはNGです。とくに臨月に入ってからは、安産のためにも、ウォーキングやぞうきんがけなどで積極的にからだを動かすことをすすめましょう。

出産や育児の知識を頭に入れておく

出産に向け、からだが着々と準備を進めるこの時期、妊婦は気持ちのうえでも赤ちゃんを迎える準備が必要です。落ち着いて出産を迎えられるよう、病院や自治体の母親学級や両親学級を利用するなどし、出産や育児の知識を頭に入れておくことが大切。正しい知識を得ることで不安な気持ちもやわらぎます。

また、娘がお産や育児に強い不安をもっているようすなら、赤ちゃんのおくるみやスタイなどを一緒に手づくりしようと誘ってみても。産まれてくる赤ちゃんを思い、集中して手を動かすことで、気分転換になり、気持ちも前向きになるものです。

Check 妊娠後期に注意すること

□ 姿勢
おなかが大きくなってくると、反り返った姿勢になり腰に負担がかかりがちに。出産後も赤ちゃんの世話で腰に負担がかかる生活は続くので、腰痛を防ぐために、できるだけまっすぐな姿勢を保ち、腰への負担を軽くすることが大切。マタニティーガードルも腰痛予防におすすめ。

□ 体重
産休や里帰りなどで、今までの生活リズムが変わるときが要注意。気を抜くと一気に増加するので、食事に気をつけるとともに、無理しない程度にストレッチや散歩でからだを動かすことが必要。

□ 食事
胃が圧迫されていると、一度にたくさんは食べられないため、少しずつこまめに食べるようにする。

□ 睡眠
頻尿、胎動、ホルモンの影響などで眠りが浅くなりがちに。これはもう、しかたのないことなので、できる限りの睡眠を心がける。

□ 出産準備
出産の流れや呼吸法をおさらいしたり、自分の出産をイメージしたりしていると、不安感も弱まるもの。入院時の荷物も余裕をもって準備すると、心の余裕につながる。

妊娠のきほん

妊娠中期〜後期の食事

偏りなくいろいろな食品を

妊娠中は「赤ちゃんの分とふたり分食べて」とよくいわれますが、その必要はありません。重要なのは、量より栄養のバランス。妊娠中によいとされる食品でも、毎日そればかり食べていては栄養のバランスがくずれます。逆にとりすぎはよくないとされているものでも、食べ続けさえしなければ大きな問題にはならないでしょう。いろいろな食品を食べて偏りをなくすことが大切です。

ご飯やパンなどの「主食」、肉や魚などの「主菜」、野菜やきのこ類などの「副菜」が揃った食事をまずは心がけること。外食でも、定食などを選ぶとよいでしょう。

親としては、口を出してしまいがちな部分ですが、娘も十分気を使っているはず。さらにまわりからあれこれ言われたら、ストレスがたまってしまいます。食事はおいしく、楽しくとりたいもの。神経質にならないように見守ってあげましょう。

今どきの常識

アレルギーの予防のために、卵や牛乳、大豆を控える必要はない

赤ちゃんのアレルギーを防ぐため、妊婦は、アレルギーの原因食物となる卵や牛乳、大豆を控えるよう指導されていた時代もありました。でも現在は、控えることに予防効果はなく、栄養価の高い食品をとらないマイナス面のほうが大きいと考えられています。

カロリーと塩分もあまり心配せずに

出産時のトラブルを防ぐために、妊娠中、カロリーや塩分は控えめにといわれます。ただ、極端に塩分を控えると、体内の血液が減ってしまうことがわかってきました。体重を適度に増やすためにはカロリーを制限しすぎるのも問題です（→63ページ）。カロリーも塩分も、少なければ少ないほどよいというものではないことを知っておきましょう。

とはいえ、外食が続く場合などは、どちらの摂取も過剰になりがちです。「塩の代わりに、だしやスパイス、レモンなどを活用する」「揚げ物やお菓子は控えめにする」といった心がけは必要でしょう。

知りたい！

妊娠中に積極的に摂取したい栄養素

（妊娠中に注意したい食べ物→41ページ）

●カルシウム

カルシウムは赤ちゃんの骨や歯のもととなる大切な栄養素。吸収をよくするために、ビタミンD、たんぱく質も一緒にとるのがおすすめです。

豊富な食品→牛乳、乳製品、小魚、大豆製品、青菜、海藻類など

●鉄分

妊娠中期以降は、鉄分の摂取推奨量が妊娠前の2倍に。ビタミンCを一緒にとると吸収がよくなります。

豊富な食品→レバー、大豆製品、ひじき、青菜、アサリ、カツオなど

●食物繊維

妊娠中は便秘になりがち。食物繊維は便をやわらかくしてくれます。

豊富な食品→野菜、豆類、きのこ類、胚芽米、玄米、全粉粒のパンなど

● DHA（ドコサヘキサエン酸）

魚油に含まれる不飽和脂肪酸のDHAは、赤ちゃんの脳や神経組織の発達と維持に欠かせない栄養素です。

豊富な食品→イワシ、サバ、アジ、サンマといった青魚、マグロなど

●たんぱく質

たんぱく質は筋肉や皮膚などをつくるために必要。肉だけでなく、魚や卵、植物性たんぱく質もとりましょう。肉や魚は赤身部分を選べば鉄分も豊富。

豊富な食品→肉、魚介、卵、大豆製品、乳製品など

※サプリメントを使うと手軽に必要な栄養素をとれますが、逆に過剰となって栄養バランスをくずすことも考えられます。栄養は食品からとることがきほん。もし、サプリメントを利用するなら妊婦向けのものを選び、医師にも確認して使うようにします。

妊娠のきほん

妊娠中期～後期に起こりうるトラブル

おなかが大きくなると小さなトラブルが多発

胎児の成長によって、日に日におなかが大きくなっていく妊娠中期以降。その影響でさまざまなマイナートラブルが発生します。よく起こるのは、便秘や下痢、痔、頻尿、貧血、不眠、動悸、腰痛、恥骨痛など。かゆみ、吹き出物といった肌トラブルも増えます。気になる症状があれば、妊婦健診のときに相談を。注意が必要なのは出血。少量なら心配ないこともありますが、下腹部痛をともなう場合はすぐ医師に伝え、指示を受ける必要があります。

後期に気をつけたい妊娠高血圧症候群

胎児の発育にも影響するトラブルが、妊娠後期に起こりやすくなる「妊娠高血圧症候群」です。以前は「妊娠中毒症」と呼ばれ、2005年に名称が変更になりました。

妊娠高血圧症候群といわれるのは、「妊娠20週以降、分娩後12週までに高血圧がみられる場合」、または「高血圧にたんぱく尿をともなう場合」。かつてはむくみだけの症状でも中毒症を疑いましたが、今は、むくみだけならかえって胎児の発育が良好となることがわかっています。はっきりした原因はまだ不明で、効果的な予防法はありませんが、まずは妊婦健診をきちんと受けることが重要。初産婦に多いので、ほかのリスク因子も重なるような場合は、規則正しい生活と、十分な休息を心がけるよう娘にうながしてあげましょう。

知りたい！

妊娠高血圧症候群

●高血圧とされるのは
最高血圧が 140mmHg、最低血圧が 90 mmHg 以上のとき

●リスクを高めること
40 歳以上／肥満／初産婦／以前、妊娠高血圧症候群にかかったことがある／高血圧、糖尿病、腎臓病などの病歴がある／ストレスを受けやすい　など

●重症になると起こること
血液循環の不全→胎児の発育不全、早産などを招く／子癇《しかん》（けいれん発作）／脳出血／肝臓、腎臓の機能障害／肺水腫／常位胎盤早期剥離《はくり》　など

●治療法
軽症の場合は、安静と、カロリー・塩分制限などの食事療法。ただし、水分の制限は必要なし。重症になると入院しての管理となり、帝王切開などで早めに分娩させることも。

Check 妊娠中期〜後期 そのほかのトラブル

□ さかご
赤ちゃんが頭を上にした状態で「骨盤位《こつばんい》」ともいう。病院でさかごを治す体操などを指導されることも。出産間近になってもさかごなら、多くの場合帝王切開が選択される。

□ 前置《ぜんち》胎盤
胎盤が正常な位置よりも低い位置にでき、子宮口をふさいでいる状態で、子宮が大きくなる過程で自然に治るケースも。安静にして経過をみる。管理入院し、帝王切開での出産となる。

□ 前期破水
陣痛が起こる前に卵膜が破れ、羊水が流れ出る状態。細菌感染を防ぐため、破水かもと思ったら、少量でも、すぐに病院で検査を受ける必要がある。

□ 切迫《せっぱく》早産
妊娠22〜37週未満での出産が早産。早産しかかっている状態が切迫早産で、おなかの張り、性器出血、子宮口が開くなどの症状がみられる。安静を心がけて、正期産までもたせるようにする。入院が必要な場合も。

□ 常位胎盤早期剥離
妊娠中に子宮壁から胎盤がはがれ落ち、子宮内で大出血を起こす疾患で、母子ともに危険な状態に。急激な下腹部痛、強いおなかの張り、出血などの症状がみられたら、ただちに病院へ。

ちょっと
気になる

娘のホンネ〈妊娠中期〜後期編〉

改めて、親に愛され大切にされていると実感

ちょうど、自分が妊娠していたときに風疹が流行っていたのですが、母に「人混みには行かないように」「外ではマスクをしなさい」と口うるさく言われました。最初は、「心配しすぎじゃない?」と思っていたのですが、次第に気にかけてもらっていることが嬉しく感じられるように。気がついたら、素直に母の言うことを聞き入れている自分がいました。

（さやかさん　30歳）

お祝い行事の手配を母がしてくれて感謝

戌の日は、分娩先の病院の健診と分娩本予約のために実家に戻った際に、両親とともにお寺に行きました。手配をしてくれたのは母。じつは、行く前は行事にあまり興味がなく、それほど気が進まないまま向かったのですが、祈祷を受けているうちに厳かで真摯な心持ちになり、宗教儀式の有効性を実感。行って本当によかったです。

（ゆかさん　27歳）

自分が生まれたときの話をきっかけに

妊娠中に、父や母と、母子手帳やアルバムを見ながら私が生まれたときの話をしました。ふだん、改まってそんな話をしたことがなかったので気恥ずかしい思いもありましたが、話をしながら30年前の若い両親の写真を見ているうちに、懸命に産んで育ててくれたことへの感謝の気持ちと、私もおなかの子を幸せにしようという決意がわいてきました。

（由美さん　29歳）

3章

里帰りと里出張

里帰りでの親の役割

気心の知れた実父母が、出産を迎える娘を身体的にも精神的にも支える「里帰り出産」。日本では古くからおこなわれている慣習で、一説では江戸時代のころには始まっていたといわれています。

産前産後の娘にとって、なにより頼りになるのが〝母親の先輩〟でもある実母でしょう。そのため里帰りする娘が抱く実母への期待は大きく、ときには結婚前のまだ親元にいたときの気持ちに返って、甘えがすぎるときもあるようです。でも、はじめての出産と慣れない新生児のお世話で大変な時期なので、ある程度の甘えは大目にみてあげる寛容さも必要。「そんなことじゃお母さんになれないわよ」「もうお母さんなんだからしっかりしなさい」などといった厳しい言葉は、よかれと思って言った言葉であっても、マイナス効果のほうが大きいでしょう。

里帰り出産を受け入れる親の役割は、出産という大仕事を成し遂げた娘が心身を休め、育児をスムーズにスタートさせる、その手助けをすること。自分を頼ってきた娘を愛おしく思うならば、できる限りのサポートも苦にならないはずです。

しかし、ここで心に留め置かなければならないのは、娘といえどもいったん家を出て自分の家庭を築いている以上、娘には娘の生活のスタイルがあるということ。こまかなことを言えば、食事の時間の違いやメニューの内容、朝起きる時間や寝る時間など、親世帯の生活スタイルとの違いがたくさんあります。逆に親世帯も、自分たちの生活のリズムがあるわけです。その違いをおたがいに尊重し合わないと、ささいなことからストレスが生じ、せっかくの親子の時間がぎくしゃくしてしまいがち。実際に里帰り中に母と娘が衝突することが多かったという声はよく聞かれることです。

親を頼っている娘と、頼られたことを嬉しく思っている親、こんな需要と供給が一致しているのに、両者の間に溝ができてしまうのはとても残念なことです。親しい仲だからこそ、おたがいを尊重し合い、おたがいにとって快適に過ごすにはどうしたらよいか、赤ちゃんが誕生する前にしっかりとルールを決めておくとよいでしょう。

里帰り出産、する？　しない？

多くの人が里帰りを選択している

里帰りするかどうかは早めに検討、決定を

娘が里帰り出産をするつもりでいても、具体的な話をしてもらわなければ、受け入れる予定がたちません。出産ができる病院は減っているので、納得のいく病院が実家のそばにあるかも探してみなければわかりません。里帰り出産をする場合は、妊娠がわかったら早い段階で検討することが望ましいでしょう。

Check

里帰り出産のメリット・デメリット

【メリット】

・育児の先輩として娘をサポートできる。

・家事などを引き受けることで、娘は産後のからだを休ませるとともに赤ちゃんの世話に専念できる。

・娘と孫と一緒に、充実した時間がもてる。

【デメリット】

・パパが赤ちゃんと離れて過ごすため、父親としての育児参加が遅くなる。

・娘が自宅に帰ったときにひとりでやっていかれるか心配。

・久しぶりに一緒に生活することで、おたがいにストレスを感じることも。

里帰り出産のメリット、デメリットを考えて決定

はじめての出産に戸惑う娘を、身近にいてしっかりサポートできることは、里帰り出産の何よりのメリットです。赤ちゃんのお世話を手伝うだけでなく、食事や洗濯など、産《さん》褥《じょく》期の娘の身のまわりの世話もしてあげることができ安心です。

しかし、里帰り出産はよいことばかりではありません。親に頼りすぎて自宅に帰ってからストレスを溜めてしまったり、娘の夫の父性が芽生えにくかったりといったデメリットもあります。里帰りするか否かは娘夫婦で話し合って決めることですが、親としてもどんな考えで決めたのかを確認しておくとよいでしょう。

実家の近くに娘の希望する出産ができる病院がない場合や、家族が多く娘を呼べない場合には、親が娘のところに行って育児・家事をサポートする〝里出張〟という方法もあります。出産後に出向いて、1か月ぐらい娘の家に滞在して帰ってくるケースが一般的です（↓80ページ）。

知りたい！

里帰り出産、みんなどうしているの？

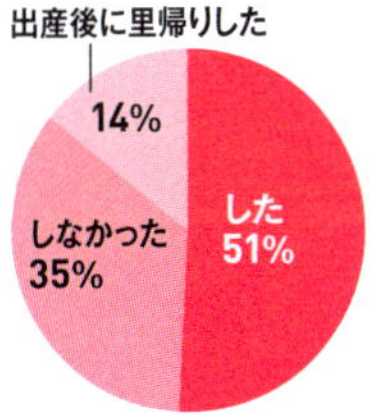

里帰り出産をしましたか？またはこれからする予定ですか？

出産後に里帰りする人を含めると、里帰り出産をした、またはする人は全体の65%に及びます。さらに里帰りしなかった人のうち53%が実母に来てもらっていることから、8割以上の人が実家を頼っていることがわかります。

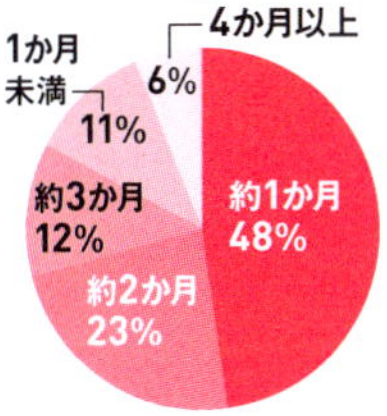

出産後の滞在期間はどのくらい？

出産後、1か月健診を終えてから自宅に帰るケースが全体の約半数を占めています。

里帰りをした理由は？

産後の育児をサポートしてもらうため	43%
産後自分のからだを休めるため	29%
出産時は里帰りするものだと思っていた	13%
出産時にサポートしてもらうため	8%
実家からの希望	3%
その他	3%
夫からの希望	1%

はじめての育児に不安があり、それを実母にサポートしてもらいたいと考えている人が多いようです。

「コンビタウン お悩みアンケート」（2013年5月実施／コンビ）より抜粋

里帰りのために準備しておくことは？

安全でリラックスできる住環境づくりを

妊娠がわかった時点で早めに分娩予約を

地域によって違いはありますが、お母さん世代が出産をしたころに比べると、分娩を扱う病院はとても減ってきています。そのため今では、妊娠をしたら早めに分娩の予約をするのが一般的。人気の産院では、妊娠3か月を過ぎていざ予約をと思っても、すでに予約がうまってしまっていることもあります。

ましてや里帰り出産となると、産院探しは大変です。遠方にいる娘も、実家付近の産院情報をインターネットで調べることはできますが、実際に産院に出向いたり、近所の評判を聞いたりと、現地にいる親の協力も欠かせません。

一度受診しなくては分娩予約を受けつけない産院や、里帰り出産自体を受け入れていない産院もあります。インターネットの情報は古いこともあるので、産院を決める前に必ず電話で里帰り出産を受け入れているかを確認する必要があります。

娘が帰ってくる前に住環境をととのえて

娘が産前産後の大事な時期をリラックスして過ごせるように、娘が帰ってくる前に部屋の準備をしておきます。急な階段にはストッパーや手すりをつけるなど、家の中の安全面を点検することも忘れずにおこないましょう。

また、この機にお風呂やトイレなど水まわりのリフォームを考えてもよいかもしれません。産後は会陰《えいん》切開の傷が痛むため、温水洗浄便座のトイレがありがたいもの。高いバスタブは、大きいおなかではまたぐのも一苦労ですし、すべりやすい床は危険です。

赤ちゃんを迎える準備も必要です。ベビーベッドや布団類、ベビーバス、肌着類、調乳用品など、新生児期に使うものは実家のほうで揃えるか、それとも娘が自宅で準備したものを送ってくるのか、両者で相談しながら揃えていきましょう。61ページのリストを参考にして、早めに検討するとよいでしょう。季節によって暖房器具や加湿器、空気清浄器などの家電も必要です。

知りたい！

里帰り出産の一般的なスケジュール

●妊娠初期

・実家の近くの産院を探す。
【親のPOINT】娘が遠方にいる場合は、娘に適切な情報提供をしてあげましょう。

・健診を受けている医師に里帰り出産希望を伝える。今後の健診の受け方や転院のタイミングなどを確認。

●妊娠中期

・安定期に入ったら、分娩する病院の受診。
【親のPOINT】産院によっては受診しないと分娩予約できないところも。産院の見学もかねて、娘の受診につきそってもよいでしょう。

●妊娠後期

・8か月に入ったら里帰り出産の準備を開始。
【親のPOINT】娘の身のまわりのものや新生児期に使うものなど、荷物を置けるように、住環境をととのえておきましょう。

・里帰り出産する産院あての紹介状を、妊婦健診を受けていた産院に書いてもらう。

・実家に戻り、出産する産院を受診。
【親のPOINT】里帰りする時期は、9か月(32～35週)のころがベスト。帰省の日程については、娘夫婦の都合を優先させるように考慮しましょう。

●出産後

・赤ちゃんの1か月健診が終わるまでは実家で過ごすケースが一般的。
【親のPOINT】娘が赤ちゃんのお世話にだけ専念できるよう、親は家事を引き受けて母体を休ませます。1か月健診には祖母がつきそうケースがほとんどです。

里帰りで起こりやすいトラブルを防ぐためには？

出産前に生活上のルールを決めておく

親と娘の生活のペースは違うもの

娘が結婚し家を出てしばらくたつと、娘のいない自分たちだけの生活ペースができあがるでしょう。娘が帰ってくるのは嬉しいことですが、そうした日常の生活ペースを乱されると、だんだん疲労が溜まりイライラします。ついつい小言のひとつも言いたくなるかもしれません。

娘のほうも同様で、親元を離れて自分の生活ペースができあがっているので、親との生活にストレスを感じることも多々あります。実際に里帰り中に親子関係がギクシャクしてしまうケースは少なくないのです。

すり合わせは必要ですが、同時に一緒に暮らしていたときのようにはいかない、ということをわかっておくのも大切。「別世帯の人間なのだから違って当たり前」と思っていれば、違いもおおらかに受け止められるはずです。

おたがいのストレスを軽減する生活ルールを

出産までは動いたほうがよいからと、親がよかれと思って家事をするようにうながしても、娘のほうはすっかり子どもに戻ったようになって、「ゆっくりしたくて帰ってきたのに……」と、反発することも。そうなると、親のほうもストレスが溜まってしまいます。それを防ぐには、「洗濯だけは娘の係」「食後の片づけは交代で」というようなルールをある程度決めておくとよいでしょう。
ただし、出産を控えた不安定な時期です。娘がきっちりルールを守れなくても、大目にみてあげる気持ちの余裕は必要です。

里帰り中の生活費も前もって相談を

これから赤ちゃんが誕生し、お金がいろいろかかってくるときなので、実家を頼ってきた以上、できれば娘の面倒はみてあげたいものです。食費や光熱費などの実費は実家が負担することになるでしょう。
娘側も生活費として現金を用意することはせず、産後自宅に帰るときに、お礼という形で両親に品物などを贈るケースが多いようです。

ただし経済的に厳しい場合は、正直に娘に伝えても構いません。「ちょっと苦しいから、少し食費を出してもらえると助かるな」「不甲斐ない親で申し訳ないのだけれど、少し生活費を出してもらえないかしら」などと相談してみましょう。

どうする？

先方ご両親がお金を包んできたら

① まずはていねいにお断りを

相手の厚意に対する感謝は忘れずに。

「ごていねいにありがとうございます。娘の世話をしただけですのでお気遣いなく」

「うちの子どもでもあるんですからお礼には及びません」

② 2回断っても譲らないときは

あまりかたくなに断ると角が立ちます。不本意かもしれませんが、受け取っておいたほうがよいでしょう。もしお金を受け取ることに抵抗を感じた場合は、そのお金を生まれてくる子どもの貯金にして、娘夫婦にプレゼントするのもよい方法です。

〝里出張〟の場合の段取りは?

産後に行き2週間〜1か月で帰るのが一般的

親が行く場合は具体的に期間を決めて

実家の近くによい産院がない、出産ギリギリまで娘が家を空けられないなど、なんらかの事情で里帰り出産をしたくてもできない場合があります。そんなときには実母のほうが娘の家に出向いてサポートする、〝里出張〟という方法もあります。

気をつけたいのは、「里帰りをしない」イコール「里出張が必要」なわけではないということ。里帰りをしない場合も、娘夫婦は自分たちの力でなんとかがんばろうと思っているのかもしれません。行くもの、と思い込まず、まずは娘夫婦の意向の確認を。また行くことになった場合は、あらかじめ、2週間とか1か月とか、具体的な期間を決めて行くこと。「いつまでいるんだろう」とか、「もう帰りたいけれどまだいなくちゃダメなの」といった、おたがいのストレスを回避できます。

退院の前日ごろから里出張スタート

出向く期間は、出産後からで十分です。出産に備え早めに行ったほうがよいと思うかもしれませんが、出産前はとくにやることはありません。夫がそばにいれば用は足りるはずです。むしろ出産前は夫婦の時間をゆっくりと過ごさせてあげたほうがよいでしょう。

退院の前日ごろに行き、家の片づ

けをして娘と赤ちゃんを迎えるしたくを。母体にとって産後にゆっくりとからだを休めることはとても重要です。短くても2週間は娘の家に滞在して、家事を引き受けてあげましょう。

娘の夫と親しくなるよいチャンスと考えて

娘の家に滞在中は、娘の夫に気を使うかもしれません。当然、相手も同じです。しかし逆に考えれば、娘の夫と親しくなれるよい機会でもあります。

気をつけたいことはふたつあります。娘の夫が赤ちゃんのお世話をしているときは、どんなに危なっかしい手つきでも口を出さないこと。家事は娘の夫とできる限り分担し、なんでもやってあげて甘やかすようなことはしないこと。夫・父親として成長する機会を奪うようなことをしてしまうと、自分が帰ったあとに娘にしわ寄せがいくことになります。協力して、一緒に大変な時期を乗り越えることで、より気持ちが通じ合うはずです。

どうする？

娘の家がせまいときは？

娘の家がせまく、手伝いに行っても寝るところに困るケースもありがちです。近くにウィークリーマンションを借りる方法や、ホテルに滞在する方法もありますが、1か月もいれば滞在費もかさみます。
どうにかすればひとり寝るスペースはできるはず。布団はレンタルを利用することも可能。限られた少しの期間なので、娘夫婦と一緒に寝泊まりして過ごすことをおすすめします。

上の子がいる場合に考えておくことは?

上の子の心のケアをしっかりと

上の子のお世話はおばあちゃんの出番

急に破水をしてそのまま出産……、そんなとき実母がそばにいたら、娘はどんなに心強いことでしょう。上の子を預けて安心して産院に向かうことができます。さらに助かるのは入院中。仕事で日中留守になる娘の夫に代わって、家事に上の子のお世話に、おばあちゃんは大活躍するはずです。

今ね、赤ちゃんを産むために病院にいるのよ。
ママはー?

上の子がいて学校や幼稚園に通っている場合は、子どもを連れての里帰りはむずかしいので、実母のほうが娘の家に行ってサポートしてあげるケースが多いようです。第1子のときと違って、おばあちゃんに求められるのは上の子のお世話が中心なのです。

身のまわりのお世話だけでなく、新生児のお世話に精一杯なママに代わり、上の子の精神的なフォローもしてあげたいものです。

上の子のやさしさを育むよいチャンス

年齢差にもよりますが、ママが生まれた赤ちゃんの世話に追われていると、上の子はどうしても赤ちゃんに対する嫉妬心を抱きがちです。

これを困ったことだとは思わずに、上の子のやさしい気持ちを育てるよい機会だととらえましょう。「ママは○○ちゃんが赤ちゃんのときも、一生懸命お世話していたのよ。だから、おばあちゃんと一緒にママのお手伝いをしましょうね！」と言うと、多少なりとも納得できるかもしれません。「○○ちゃんの赤ちゃんだよ」という言い方をしたり、上の子が赤ちゃんだったときの話をしてあげたりするのもよいでしょう。

知りたい！

第２子出産、みんなどうしているの？

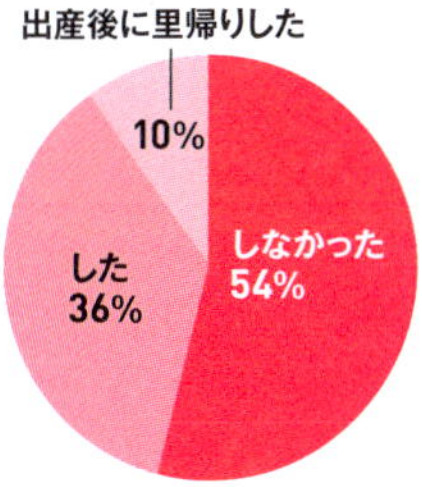

里帰り出産しましたか？
またはこれからする予定ですか？

第1子に比べると、里帰り出産をした人の割合は15%減少し、自宅での第2子出産が半数以上に及んでいます。

里帰りをした理由は？

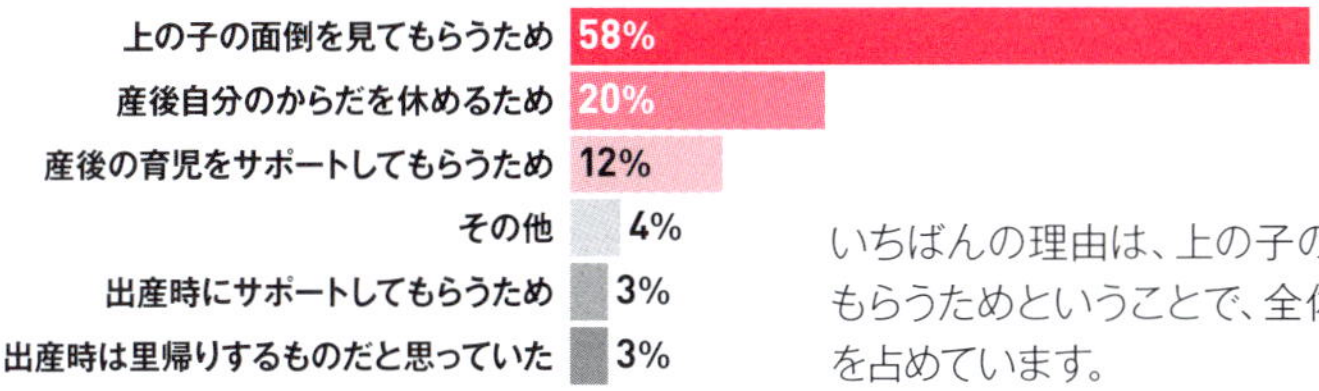

いちばんの理由は、上の子の面倒を見てもらうためということで、全体の6割近くを占めています。

里帰りをしなかった理由は？

上の子の学校や幼稚園、保育園・習い事を休ませたくない（32%）、自分のペースで出産・育児をしたい（16%）などが理由。上の子の生活を考え、また2人目は初産のときとは違い出産・育児のようすがある程度わかるため、自分たちだけで乗り切ろうと考える夫婦が多いようです。

「コンビタウン お悩みアンケート」（2013年5月実施／コンビ）より抜粋

同居家族が多い、ペットがいるときは?

同居家族への気遣いを忘れずに

息子夫婦と同居の場合は十分すぎるほどの配慮を

祖父母や息子夫婦など、ほかに同居家族がいる家庭での里帰り出産は、家族みんなが協力して娘の出産を支えてあげたいものです。娘のほうも実家だからとわが物顔に過ごすのは控えるべき。家族にお世話になる感謝の気持ちが大切です。祖父母のような高齢者がいる家庭では、ふだんの生活のリズムをくずさないように配慮するよう、最初に娘に伝えておきましょう。

もっとも気配りが必要なのは、息子のお嫁さんが同居している場合。「ここは娘の実家だから、里帰り出産は当たり前」という考えでは無用なトラブルを招きます。

確かに娘の実家ではありますが、お嫁さんの自宅でもあるわけです。娘が帰ってくれば、食事や洗濯など、多少なりともお嫁さんへの家事の負担は増えるでしょう。里帰り出産が決まったら、まずはお嫁さんに「娘が出産のために2か月ぐらい帰ってきたいと言っているのだけれどどいいかしら」と話を切り出しましょう。よく話し合い、お嫁さんも納得のうえで娘を迎えることを決めましょう。

里帰り出産が決まったら、「いろいろと面倒をかけてしまうかもしれないけれど、よろしくお願いします」とお嫁さんに改めてあいさつを。その際、里帰りの期間を明確に伝えておくことも必要です。

出産後は娘から家族にお礼を

無事に出産が済んで、娘が帰ったあとのお礼もしっかりと伝えましょう。娘自身から義姉妹にお礼をさせるのも忘れずに。

娘から義姉妹へのお礼は言葉だけでなく、プレゼントを添えるとよいでしょう。義姉妹の好みがわかっている場合は洋服や雑貨、趣味で使う品などを、好みがわからない場合は商品券などが喜ばれます。

里帰り出産のあと、両親にお礼の品を渡す娘夫婦は多いようですが、なかなかほかの家族へのお礼は怠りがちです。家族のほかの人へのお礼の品も準備するといいことを、母親からアドバイスしてあげましょう。

ペットがいる場合は事故防止対策を万全に

実家でペットを飼っているときに、注意したいのは、赤ちゃんの事故です。赤ちゃんに乗ったり、ひっかく、かみつくなど、何が起こるかわかりません。ふだんはおとなしい犬や猫でも、万が一を考えて赤ちゃんとは接触しないように注意。高さのあるベビーベッドを用意したり、ペットが入れない部屋に赤ちゃんを寝かせるスペースをつくったりと、誕生前から準備しておきましょう。

お嫁さんにかける言葉例

感謝の気持ちは何度でも言葉で伝える

「○○さんのおかげで娘も安心してお産ができたわ」

「おかげさまで産後もゆっくりと静養させることができたわ」

「いろいろ助けてくれたおかげで、無事に赤ちゃんを迎えることができました」

ポイント

「おかげさま」を連発するぐらいの気持ちが大切。赤ちゃんや娘の世話を直接お願いはしていなくても、ありがとうの言葉に「あなたのおかげで」という言葉をプラスして伝えましょう。

産前の娘とどう過ごす？

娘とゆっくり過ごせる最後の時間と考えて

娘の子どものころの思い出話をするよい機会

娘が別所帯になってから、ゆっくりと一緒に過ごすのは久しぶりという人も多いことでしょう。赤ちゃんが生まれたら、昼夜関係なく泣き出す赤ちゃんのお世話で、しばらくの間は大忙しの毎日になります。まだ赤ちゃんがおなかの中にいる間に、母と娘の久しぶりの時間を楽しみましょう。

娘が子どものころのアルバムを一緒に見たり、久しぶりに昔に撮影したビデオの上映会をしたりするのもおすすめです。親がどうやって娘を育ててきたかを語ってあげることで、娘も親になる自覚が強まり、改めて親に対する親近感も深まることでしょう。子どものころからよくつくってあげていたメニューで食卓を囲んだり、買い物に出かけたりと、今の親子水入らずの時間を大切に過ごしたいものです。

娘の甘えがひどいときも責めるのは避けたい

これから赤ちゃんが生まれたら、新米ママは赤ちゃんのお世話でゆっくりと眠ることもできなくなります。生まれるまでは多少の甘えも大目に見てあげましょう。

ただし家でゴロゴロしてばかり、親のお金をあてにして無駄遣いをするなど、目に余ることもあるかもしれません。これをガミガミと責めるのは簡単ですが、責めてもおたがいの関係が悪くなるだけで、よい結果は生まれません。

まずは、娘がそんな態度をとるのは自分がそう育ててきたからだと認識すること。そして、「私がこんなふうに育てたのよね、お母さん、大反省」と言葉にしてしまいましょう。「でも今からだって変われるわよ、一緒に掃除しましょうよ」などと明るく誘えば、娘も自らの生活態度を見直そうという気になるのではないでしょうか。

Check 娘と一緒にしたいこと

□ 赤ちゃんに読み聞かせる絵本を探す

娘が子どものころに読んでいた本を思い出して、娘に伝えてあげては。図書館でゆっくり探すのもよい方法。

□ 安産のためにお散歩

過ごしやすい時間を選んで、近くの公園までの散歩を日課に。歩きながらいろいろな話がはずむはず。

□ 内祝いの品選び

出産祝いのお返しに贈る内祝い。赤ちゃんが生まれてからではゆっくりと選べないので、今のうちに目星をつけておくと安心。

□ 夕食の料理

ふたりで料理をするのも楽しいはず。減塩メニューを一緒に考えるのもおすすめ。

娘の夫とどうつきあう?

適度な距離感をもって気遣いを忘れずに

娘の夫は大歓迎で迎える

娘が里帰りしている間、娘の夫も何度かやってくることでしょう。実家と自宅が近い場合は、週末ごとに訪ねてくるケースもめずらしくありません。すでに気心が知れた関係ならばよいのですが、そうでない場合にはどう接したらよいのか戸惑うこともあるでしょう。

きほんは、ふつうのお客様をお招きするときと同様に、大歓迎で迎えること。相手を思い、立てるようにすれば大丈夫です。大切にされれば、娘の夫も嬉しく思うはず。そして大切にされた記憶はのちのちまで残るでしょう。

娘の夫とはこれからも長いつきあいになります。急接近する今こそ、心遣いを忘れずにいたいものです。「あら、また来たの」などの軽口も、誤解を招く可能性があるのでやめておいたほうがよいでしょう。

仲よくなる機会を有効に活用

これまであまり娘の夫と親しく話をしたことがないなら、この機会にたくさんコミュニケーションをもってはどうでしょうか。「パパになる気持ちってどう?」「○○さん（娘の夫の名前）はどんな子どもだったの?」など、今ある状況を生かした話題で会話を盛り上げましょう。娘の子どものころの写真を見せて、写真を見ながら話題づくりをするのもよい方法です。

先方ご両親が来たら心からのおもてなしを

赤ちゃんが誕生すると、先方ご両親が赤ちゃんを見に実家を訪れることもあります。一緒に孫の誕生を喜べるよう、快くお迎えし、気持ちよく過ごしてもらえるように心がけましょう。

実家で生まれ育っている赤ちゃんは、母方のテリトリーにいる存在。自分たちばかりいつものように赤ちゃんのお世話をしていては、相手側は「自分たちの孫でもあるのに」と、寂しく感じるかもしれません。

そんなふうに思わせないためには、相手を立てて、できるだけ赤ちゃんを相手の両親にあずけるようにするのがポイント。自分たちがいくらお世話に慣れていても、相手が手を出してきたら相手におまかせする心遣いを忘れずに。自分が相手の立場だったらどうしてほしいかを想像するとよいでしょう。

知りたい！

娘の夫の親とつきあうポイント

- 相手の立場になって、どうしてほしいかを考えて行動する。
- 孫の取り合いにならないよう、相手を立てるようにふるまう。
- 実家で過ごしているときの赤ちゃんの写真など、相手の両親へも送るように娘に伝え、ともに孫の成長を見守っていく気遣いを。

里帰りも里出張もしないときは?

娘のことを思う気持ちを行動で表現する

娘の自立を尊重することが大切

出産のときは里帰りするのが当たり前だと思っている娘がいるように、娘が里帰りしてくるものだと最初から思い込んでいる親も少なくありません。すっかりその気になっているところに、娘から「里帰りはしない」と聞かされたら、がっかりするやら寂しいやらで複雑な心境になることでしょう。

娘夫婦が里帰りしないと決める理由としては、新生児のときから夫に育児に参加してほしい、実家のそばに希望する病産院がない、自分のペースで出産・育児がしたいなど、さまざまな事柄があげられます。親としては帰ってきてほしいと望んでいたとしても、娘夫婦が決めたことならば、それを尊重するのがきほんです。寂しいと思うのではなく、自立して生活をしている娘を誇りに思うべきでしょう。

いつでも頼ってねと受け入れ態勢でいる

里帰りも里出張もしない娘の出産は、心配なものです。娘のからだのこと、赤ちゃんのお世話のこと、家事のことなど気がかりの材料はつきません。娘も自分でがんばってやろうと決めたからには、そう簡単に泣き言を言ってこないかもしれません。ときどきは親のほうから、「何か困ったことはない?」「遠くからでもできることがあったら言ってね」などと、電話で伝えるとよいでしょう。

何もしないでいると、娘を思う気持ちが伝わらないうちに終わってしまいます。娘を気遣う気持ちは、思っているだけでなく表現しないと相手には伝わらないもの。何かしらのアクションを起こして、力になってあげましょう。

夫の実家に里帰りしたらおまかせする

里帰り出産のうち、少数派ですが夫の実家に行く場合もあります。心配かもしれませんが、娘夫婦が決めたこと。相手の両親の厚意に甘えましょう。何かお手伝いをしなければと思うかもしれませんが、基本的にこういう場合、人手は足りているもの。押しかけて手伝いを申し出る必要はありません。それよりも手紙を添えた果物や特産品などを送って感謝の気持ちを伝えましょう。

どうする?

娘の世話をしてあげられないときは?

自分が仕事をしていたり、親の介護をしていたりと、なんらかの事情で娘の里帰り出産を迎えられない人もいるでしょう。娘がいちばん大変な1か月間だけ仕事を休むなどしてサポートできればよいのですが、むずかしければ無理をすることはありません。一時的なことで、自分たちの生活のベースをくずす必要はないでしょう。娘も事情を説明すればわかってくれるはずです。
ただし、「私は仕事があるから何もできないわよ」では、娘もかわいそう。娘のために、食べ物を送ったり、週末だけ掃除をしに行ったりと、できることをみつけて応援してあげましょう。

父親の出番と役割

父親が手伝えることをあらかじめ聞いておく

娘が出産のために里帰りしてくると、ただただ心配するだけで、父親としては何をサポートしてよいのかわからずに戸惑うかもしれません。こまかなことは母親にまかせ、まずは父親らしくどっしりと構えて見守ってあげましょう。

車の運転が父親だけしかできない場合は、病院への送迎が父親の役目です。またベビー用品の買い物や部屋の模様替えなど、赤ちゃんを迎える準備の力仕事要員として、一役買うこともあるでしょう。予定日が近づいたら、いつでも病院へ行けるように、夜の飲酒を控える必要もあるかもしれません。自分が手伝えることとは何か、妻や娘に聞いておくとよいでしょう。

赤ちゃんが誕生してからは、父親の出番はあまりないかもしれません。でもせっかく家に一緒にいるのですから、一日に何回かは赤ちゃんを抱っこして、赤ちゃんとのスキンシップをはかりましょう。それを見て、娘も父親が孫の存在を嬉しく思っていることを実感するはずです。

一歩引いて見守り、母親と娘のクッション役に

母親と娘は、おたがいの生活リズムや赤ちゃんの世話のしかたなどでちょこちょこ衝突しがちです。そんなときこそ父親の出番。双方の話の聞き役になってあげましょう。娘には「お母さんは、きみを大切に思って、こまかいことまで伝えているんだよ」、母親のほうには「〇〇ももう大人なのだから、少し見守ってみようよ」など、思いやりのある言葉をかけてあげましょう。

里帰り期間は、娘の子どものころのことを話題に、父親と娘の距離を詰めるよい機会でもあります。娘が生まれたときの話や学校に行くようになってからのことなど、当時の思いを素直に伝えるとよいでしょう。

知りたい！

授乳中の配慮

出産後の娘は、授乳間隔も定まらず、一日中、泣いたらおっぱいのくり返しになります。父親の前での授乳は抵抗があるので、娘が授乳するときは、そっと席を外す気配りを忘れないようにしましょう。

ちょっと
気になる

娘のホンネ〈里帰り編〉

一緒に何か達成できることをすればよかったかな

私は出産予定日の1か月半前に里帰りしました。母とゆっくり過ごすのは本当に久しぶりで、平日に一緒に買い物をしたり、ランチをしたり、貴重な時間を過ごすことができたのですが、日がたつにつれて、次第にマンネリに。あとで、赤ちゃん用品を編むなど、何か一緒にやり遂げられることをすればよかったかな、と思いました。

（みちよさん　25歳）

親子だからこそ礼儀が必要だったかも

実家を出て10年以上たっており、その間に結婚もして、自分もずいぶん大人になったつもりでいたけれど、実家に帰るとすっかり子どものころに戻って甘えてしまう状況に。親も甘えてくるし、おたがいに遠慮がなく、“売り言葉に買い言葉”になることも。自分をどんどん見失っていく感じがしました。

（陽子さん　33歳）

「大変じゃない」と断言しないでほしかった

出産前に、「出産って、そんなに大変じゃないよ。痛みもたいしたことない」という話を、母からたびたびされました。母は、「だからあまり緊張しないで」と伝えたかったのかもしれませんが、痛みの感じ方は人それぞれのはず。「私はすごく痛くてつらいお産になる可能性だってあるのに」と、「大変じゃない」という母の思い込みがプレッシャーに感じられました。

（はるさん　29歳）

4章

出産

出産での親の役割

いよいよ、赤ちゃんと会える日がやってきます。母親としては、自分が娘を産んだときのことを思い出すことでしょう。その際に、無事に生まれた感動や幸福感だけでなく、お産の前に抱いていた不安や怖さも一緒に思い出してみてください。お産は、終わるとつい少し前までの激しい痛みがうそのようにひき、穏やかな安堵《あんど》に包まれます。赤ちゃん誕生の喜びが、母親をそのような気分にさせるのかもしれません。しかし、まだ出産を経験していない娘は、未知のお産に対して大きな「恐怖」を抱いているのです。陣痛とはいったいどんな痛みなのか、赤ちゃんは無事に生まれてくれるのだろうか、自分はママになれるのだろうか……、さまざまな思いで張り詰めた気持ちになっているはずです。

この時期の母親の役割は、とにかく娘を安心させてあげること。少しでもリラックスしてお産にのぞめるようにサポートしてあげることです。自分のお産の経験を話し、「大丈夫だから安心して赤ちゃんを産んでね」などと言葉をかけてあげましょう。

とはいうものの、お産は人それぞれ違います。陣痛の進み方も違えば、痛みの強さ、感じ方も異なります。自然分娩で産む場合も、帝王切開になる場合もあります。自分の経験をベースにサポートしてあげるのはよいことですが、自分と比べたり、ほかの人と比べて、娘に否定的な言葉をかけるのは厳禁です。「私のときは陣痛がきても自分で歩いて病院に行ったわ」「まだまだ、たいした痛みじゃないはずよ」「帝王切開なんだからラクなものよ」といった言葉は、たとえ励ますつもりで言ったとしても、娘にとってはつらいだけです。「大丈夫よ、そばにいるからね」「もうすぐ赤ちゃんに会えるから、がんばろうね」など、誰よりも娘の味方であることを態度や言葉であらわしながら、娘の出産を応援してあげましょう。

陣痛が始まったら、腰をさすったり、勇気づける言葉をかけたり、娘の望むことを望む形でサポートしてあげましょう。娘の夫と協力しながら、娘が助けを求めてきたときにすぐに対応してあげられるよう、できるだけそばにいてあげましょう。きっと娘は心強いはずです。

出産のきほん

出産に必要なものを揃える

入院グッズの準備は予定日1か月前に

昔から初産は予定日よりも遅れるといわれていますが、赤ちゃんがいつ生まれるか、こればかりは誰にもわかりません。臨月に入ったら、いつお産になっても大丈夫なように、入院グッズを準備しておくようにしましょう。

娘のほうでおそらく入院グッズをまとめたバッグを用意していることでしょう。急な破水であわてて入院することもありますので、親としても入院するときに持っていくものをどこにまとめてあるのか、事前に確認しておくようにします。

必需品ではないけれど、陣痛のときに寝たまま飲み物が飲めるストローつきマグや、ペットボトルに取りつけられるストローつきのボトルキャップ、乾燥防止のリップクリーム&ハンドクリームなど、あると重宝するものも。自分のときに役立ったものなどもアドバイスしてあげるとよいでしょう。

退院のときに必要な品も忘れずに準備を

退院するときに必要なものも事前に準備してあるか娘に確認しておきましょう。ベビーウエア、肌着類、おむつなどに加えて、ママの退院用の洋服も必要です。ただし、出産後にいきなりサイズダウンするわけではないので、入院するときに着て行ったものでも構いません。写真撮影することを考え、きれいめの服を用意する人もいます。

退院グッズは親や娘の夫が入院中に病院に届けることになるので、入院グッズとは別のバッグにまとめておいてもらいましょう。自家用車での退院はチャイルドシートも必要になります。

Check 入院グッズ

（ベビーと産後ママのグッズ→ 61 ページ）
（退院グッズ→ 109 ページ）

娘が準備するものですが、急な入院に備え、親も中身を知っておきましょう。

【 入院時に必要なもの 】

- □ 健康保険証
- □ 母子手帳
- □ 診察券
- □ 出産手当金などの書類一式
- □ 印鑑
- □ 前あきのパジャマ
- □ 授乳用ブラジャー
- □ タオル類
- □ 眼鏡（コンタクトレンズの人）
- □ 小銭入れ
- □ 時計
- □ 下着類
- □ 骨盤ベルト
- □ 洗面用具
- □ 羽織るもの
- □ 産褥《さんじょく》ショーツ
- □ 生理用ナプキン
- □ ガーゼハンカチ
- □ お箸・スプーン・コップ・ストロー
- □ ティッシュペーパー
- □ ソックス
- □ ルームシューズ
- □ スキンケア用品
- □ 筆記用具
- □ 洗浄綿

出産のきほん

お産の始まり

お産の始まりを知らせるおしるし、陣痛、破水

お産が近くなってくると、赤ちゃんが下がって胃のつかえがすっきりする、頻繁におなかが張るようになる、足のつけ根に圧迫感が出る、トイレが近くなるなど、本人に自覚症状があらわれます。ただしこれは誰にでもあることではなく、まったく感じない人もいるようです。

より明確なお産スタートのサインは「おしるし」「陣痛」「破水」の3つです。おしるしとは少量の出血のことで、子宮の収縮によって赤ちゃんを包んでいる卵膜と子宮の壁がこすれることで起こります。おしるしがあると数日以内に陣痛が始まることが多いようです。

陣痛は赤ちゃんを押し出そうとする子宮収縮で、10分間隔でくり返し起こるようになったらお産の始まりです。陣痛かなと思ったら、収縮が始まったときから次の収縮が始まるまでの時間をはかってようすをみます。陣痛の間隔はだんだん短くなり、収縮による痛みも増していきます。自身の経験からもわかるように、陣痛は多くの場合、急に激しい痛みにおそわれるということはありません。娘ははじめてのことであわてるでしょうが、親のほうまであわてることのないようにして、まずは一緒に陣痛間隔の時間をはかりましょう。

破水とは赤ちゃんを包んでいる卵膜が破れ、羊水が出てくることです。本来は陣痛が進んで分娩が近くなってから破水しますが、陣痛が始まる

前に破水することもあり、これを前期破水といいます。破水は大量に出ることもありますが、ちょろちょろと尿がもれるように出ることも。破水した場合は病産院に連絡をして、指示を受けましょう。たいていの場合、破水すると陣痛がきていなくても1〜2日以内にはお産になります。

陣痛を逃すためにマッサージや声がけを

里帰り出産の場合には、母親が病院につきそうこともあります。どんどん痛みを増していく陣痛を乗り切るために、娘のそばでサポートしましょう。陣痛が始まってからお産まで10時間以上かかることが多いので、サンドイッチやおにぎりなどの軽食、飲み物などを用意してあげるとよいでしょう。

陣痛の痛みと痛みの間は、リラックスできるように声がけを。飲み物を飲ませてあげるのもおすすめです。逆に痛みがきたときには腰や背中をさすってあげましょう。娘ははじめての陣痛でかなり緊張しているはずです。緊張すると余計痛みを強く感じてしまうので、とにかくそばにいて安心させてあげましょう。

どうする？

陣痛タクシー

「陣痛タクシー」「子育てタクシー」「出産サポートタクシー」など名称はタクシー会社によって異なります。まずは自宅から利用できる陣痛タクシーがあるかをインターネットなどで調べておくとよいでしょう。事前登録制ですが、登録したからといって、必ず利用しなければならないということはありません。

●陣痛タクシーのメリット

- 事前に出産する病産院を登録するので、乗車時に説明しなくてもよい。
- 破水してシートを汚す心配のないよう、防水シートを完備してあるので安心。
- 料金の支払いはあとで構わないので到着後スムーズに受診が可能。
- 24時間年中無休で対応。

出産のきほん

出産前後に起こりうるトラブル

あわてないように知識をつけておく

誰もが安産を祈っているもの。でも、陣痛が弱くなってしまったり、赤ちゃんがうまくおりてこられなかったり、なんらかの原因によってお産が順調に進まないこともあります。出産を経験している親としては、そんなアクシデントのことは重々承知のことかもしれません。しかしここで改めて、トラブルに直面してもあわてずに娘を支えてあげられるように、出産の際に起こりうるトラブルと医療処置についておさらいをしておきましょう。

●微弱陣痛

陣痛は、お産が進むにつれて間隔が短くなり、持続時間も長くなっていきます。しかし子宮の収縮力が弱いために有効な陣痛が続かず、出産がスムーズに進行しない状態が「微弱陣痛」です。原因は羊水が多い、子宮の奇形、多胎、妊娠中の太りすぎなどがあげられます。

微弱陣痛でお産時間が長引くと、ママだけでなく赤ちゃんにも負担がかかります。赤ちゃんの心音が弱くなってしまったら、通常は陣痛促進剤を使って出産を進めるなどの医療処置が施されます。

陣痛促進剤というと、陣痛を人工的に起こすので母体によくないと思ってしまいがちですが、分娩の進行をみながら投与されるので、必要以上に怖がることはありません。本人や娘の夫の意思を尊重するようにしましょう。

●回旋異常

赤ちゃんは頭やからだを回転させながら産道をおりてきます。しかしなんらかの原因で回転がうまくいかずにお産の進行が妨げられる状態を「回旋異常」といいます。赤ちゃんの頭が骨盤の幅とつり合っていない児頭骨盤《じとうこつばん》不均衡《ふきんこう》や骨盤の形に異常があるときに起こりやすく、赤ちゃんの状態が悪くなったときには鉗子《かんし》分娩や吸引分娩、帝王切開になる場合もあります。

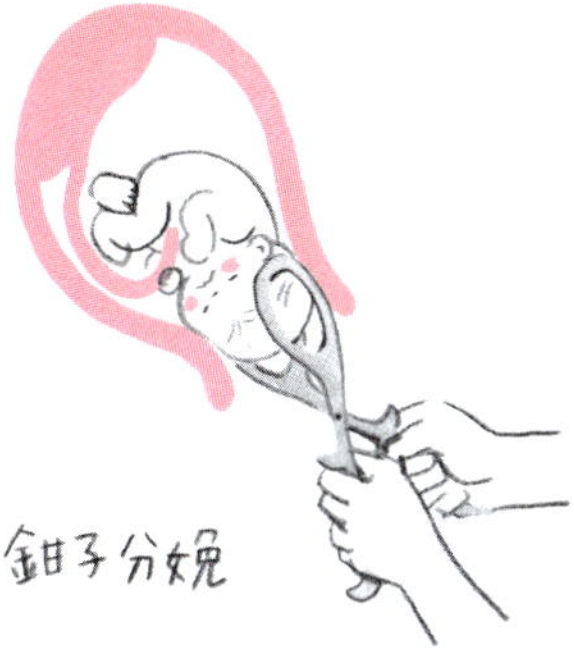

知りたい！

帝王切開になるとき

経腟分娩がむずかしいとき、手術によって赤ちゃんを取り出すのが「帝王切開」です。帝王切開は妊娠中から予定されている「予定帝王切開」と、お産が始まってから自然分娩から切り替える「緊急帝王切開」の2種類があります。おなかを縦か横に約10cm切開して赤ちゃんを取り出しますが、横に切るほうが傷跡が目立たないといわれ、予定帝王切開の場合は横切開を希望する人が多いようです。ただし緊急の場合は、医師の判断にゆだねられます。

経腟分娩では通常4～5日で退院できますが、帝王切開になると入院期間が長引きます。緊急帝王切開になったときのことも考えて、サポート態勢をととのえておきましょう。

●予定帝王切開になるおもなケース

・さかご
・多胎妊娠
・前置胎盤
・児頭骨盤不均衡
・糖尿病などほかの病気がある場合
・前の出産が帝王切開だった場合

●緊急帝王切開になるおもなケース

・回旋異常
・お産が長引き（遅延分娩）、母体も赤ちゃんも危険なとき
・赤ちゃんが生まれる前に胎盤がはがれてしまったとき（常位胎盤早期剥《はく》離《り》）
・微弱陣痛
・お産の途中で赤ちゃんの心拍に異常がみられたとき

出産のきほん

いざ入院、そして出産

長時間かかることを覚悟しておく

人によって異なりますが、通常、初産は陣痛が始まってから出産まで10時間以上かかるといわれ、長い人は20時間以上かかることもあります。娘も赤ちゃんもがんばっているのですから、親のほうも体調をととのえてサポートしてあげましょう。

お産の進み方は、陣痛が始まってから子宮口全開大になるまでの「分娩第Ⅰ期」、赤ちゃんが出てくるまでの「分娩第Ⅱ期」、胎盤が出る「分娩第Ⅲ期」にわかれます。

長時間痛みと戦うのは分娩第Ⅰ期で、子宮口が、赤ちゃんが出られる大きさまで開いていくときです。痛みから緊張が強くなると、筋肉がこわばりお産の進行を妨げます。痛みがきたときは呼吸をゆっくり吐くことに意識を集中させるようアドバイスを。そして立つ、座る、クッションにもたれかかるなど、娘のラクな姿勢をみつけて痛みを逃すようサポートしましょう。

自分の経験だけを頼りにしない

親世代がお産をしたころは、お産の前に浣腸をしていましたが、最近では基本的にはしない病院が増えています。赤ちゃんを娩出する前に膀胱にたまっていた尿をとる導尿についても同様です。

陣痛の痛みの進み具合や、痛みの逃し方など、経験からアドバイスできることは多いでしょう。しかし医療処置などは以前と違っていることもあります。すべてを自分の経験だけに頼るのではなく、わからないことや疑問に思ったことは看護師さんや助産師さんに聞いて確認するとよいでしょう。

知りたい！

カンガルーケアとは

生まれたばかりの赤ちゃんを、ママが裸の胸に抱き、素肌を合わせる行為をカンガルーケアといいます。カンガルーケアは、赤ちゃんの体温を保ち、母親の心音や呼吸を感じさせることで赤ちゃんに安心感を与えます。また母乳の分泌がうながされる、母親の自覚が生まれるなどのメリットも。カンガルーケアによって、その後、母親の赤ちゃんへの愛情が深まるともいわれています。
ただし、生まれて間もない赤ちゃんはまだ呼吸も乱れがちで目を離せない状態です。カンガルーケアは、必ず医療者のサポートのもとでおこなわれなくてはなりません。実際、管理が不十分なために事故が起きるケースも。おこなう場合は、注意点などを医師に確認することが重要です。

娘にかける言葉例

喜びを素直に言葉にたくして

「おめでとう、元気に生まれてよかったね」

「あなたも赤ちゃんも、ふたりともがんばったね。おめでとう」

「こんな幸せな気持ちにさせてくれてありがとう」

これはNG

赤ちゃんの性別について、「男の子がよかった」などと、否定的に言うのは厳禁。「これからが大変よ」など、おどかすような言葉も控え、ただただ無事に生まれてきたことを喜びましょう。

入院中にするべきサポートは？

喜びを分かち合い、そばにいて安心させる

そばで見守り 娘の要望に応える

出産後、入院中の世話は、ほとんど病産院でしてくれます。親がするべきことは、娘と喜びを分かち合うこと。赤ちゃんが無事に誕生した幸せをみんなで共有しましょう。

それが自分自身の楽しみになるのであれば、毎日娘や孫のようすを見に行ってもよいでしょう。出産後、ひとりで赤ちゃんと向き合っていると不安になりがちな心も、そばに誰かがいれば落ち着きます。娘からの要望があれば、洗濯など、できるだけのサポートをしてあげましょう。

ただ、体調も万全ではないなか、慣れない赤ちゃんの世話などで入院中の娘は思いのほか忙しく、疲れているもの。赤ちゃんばかりに目がいきがちですが、娘のようすもよく見て、負担になりそうならあまり頻繁な面会や長時間の面会は控えることも必要です。

余計な言葉はトラブルのもと

面会に行ったときには、あまり余計なことを言わないことも大切です。実の親子であるからこそ、言わなくてもよいひと言を言ったり、アドバイスを押しつけたりしてしまいがち。産後しばらくは情緒も不安定な状態。「ほら、早くおっぱいあげないと」といった軽いひと言であっても、娘を傷つけてしまうことがあります。また、アドバイスが病院の指導と違っていれば、娘を混乱させることにもなってしまうでしょう。

親は、そばにいてあげればそれで十分。娘は気にかけてもらっていることを感じるだけで、嬉しく、頼もしく思うはずです。

知りたい！

立ち会い出産のこと

最近は立ち会い出産が増えていて、夫の立ち会いが大多数のなか、母親が立ち会うケースもみられます。立ち会い出産を希望するときに確認すべき点は次の3点です。

●娘の気持ち

自分の希望だけで立ち会い出産を決めることはできません。「母親にすべてをゆだねて出産を見せることができる」「母親がいたほうが安心してお産に集中できる」という娘であれば、母親が立ち会う意味もあるでしょう。その逆に「出産するところを見られるのはイヤ」「母親がいたら落ち着かない」というのであれば、娘の気持ちを尊重し、あきらめましょう。

●病産院の受け入れ態勢

衛生面の問題などから、立ち会い出産を認めていない病産院もあります。また、立ち会いが可能でも、勉強会などへの参加が条件になっているなど、制限がある病産院も。病産院の状況の確認が必要です。

●自分の心構え

立ち会う人には、妊婦が安心して出産できるよう、冷静に励ましてあげることが求められます。少しでも不安にさせるようなことは口にしないこと。立ち会っている人が興奮してしまうようでは、かえって邪魔になります。病産院の指示に従い、立ち会うことで娘をサポートできるよう、よく考えましょう。

出産のきほん

退院する

トラブルがなければ4〜5日で退院

母子の健康状態などにもよりますが、通常分娩の場合、出産後4〜5日で退院となるのが一般的。入院中は授乳など赤ちゃんのお世話の指導があるほか、退院前には家に戻ってから困らないよう、産後の心身の変化や栄養のこと、日常生活での留意点、起こりやすいトラブル、赤ちゃんの1か月健診になどについての指導もあります。

わからないこと、不安なことがあれば、そのままにせず、入院中に確認するようにしたいもの。娘には、どんどん質問するようにアドバイスしましょう。

準備をととのえて赤ちゃんをお迎えに

退院の日は、誰かが母子を迎えに行くことになるでしょう。退院時には、ママや赤ちゃんの衣類、入院中の荷物を入れる大きめの袋などの用意が必要です。もし迎えを頼まれたら、当日持っていくものを娘に確認しておきましょう。

また、入院費用を精算するのも、たいていの場合、退院日。その分の現金の用意も必要です。出産育児一時金（→119ページ）が直接病産院に支払われる制度を利用すれば、それほど高額になることはありませんが、あらかじめ、おおよその金額を聞いておけば安心です。

里帰り出産の場合には、生まれたばかりの赤ちゃんや産後の娘を迎え入れる部屋も再度チェックし、気持ちよく新しい生活がスタートできるようにととのえておいてあげたいもの。用意しておいたほうがよいものがあるか、もう一度娘に確認しておきましょう。

ていねいに病産院へのお礼をする

お世話になった医師や、助産師、看護師などには、退院時にていねいに感謝の気持ちを伝えましょう。あわただしくてきちんとあいさつができなかったら、改めて娘からお礼状を送っても。

何か品物をというときは、スタッフで分けられる菓子折りなどを用意する人が多いようです。ただし、金品のお礼は受け取らない病産院も多いもの。しつこく渡そうとするのは、かえって迷惑になります。その病産院で出産した人から話を聞いたり、娘ともよく相談して、勝手に金品を用意しないようにしましょう。

Check

退院時に用意していくもの、渡されるもの

【退院時に用意していくもの】

- □ 赤ちゃんの衣類（ベビードレスなど）、紙おむつ
- □ 娘の衣類
- □ 荷物を入れる大きめの袋
- □ 入院費用
- □ 新生児から使えるチャイルドシート、あるいは抱っこひもなど

【病産院から渡されるもの】

- □ 出生証明書（→110ページ）
- □ 出生の状態や経過を記録した母子手帳
- □ 記念品などがある場合も

注意！

車で帰宅するときはチャイルドシートの用意を

赤ちゃんを車に乗せるときには、新生児でもチャイルドシートを使用する義務があります。タクシーではその義務が免除されますが、チャイルドシートを用意しているタクシーもあります。タクシー会社に問い合わせておきましょう。

出産のきほん

出生届を提出する

14日の間に役所に届け出る

赤ちゃんが生まれたら、14日以内に出生届を役所に提出しなければなりません。出生届は、出生証明書と1枚の用紙になっていて、ほとんどの場合、医師や助産師が出生証明書に必要事項を記入、捺印したものを出産した病産院で渡してくれます。自分で用紙を用意し、病産院に持っていかなければならないときは、役所の戸籍課や市民課、区民課の窓口で受け取れます。

出生届を出すことによって、赤ちゃんは戸籍に記載され、住民登録されて、ひとりの人間として社会の仲間入りをしたことになります。出生届に書く赤ちゃんの名前は、戸籍に記載されるもの。間違いのないように正確に書くことが大切です。いったん出生届が受理されると、その後、変更するのは大変むずかしくなります。娘には正しい字をもう一度よく確認してから、ていねいに書くように伝えておきましょう。

役所での手続きは祖父母でもできる

届け出は、娘夫婦の住所地の役所のほか、里帰りしている先の役所でもできます。また、役所で手続きをするのは祖父母でも可能で、委任状も必要ありません。そのため、里帰り出産の場合には、娘夫婦に代わって祖父母が出生届を提出に行くケースもよくみられます。

ただ、届け出人には赤ちゃんの父か母がなるのが原則。何か内容に不備があって、届け出人が訂正しなければならないような場合には、その場で受理してもらえないこともあります。出生届の提出を頼まれたら、もれや間違いがないか、娘と一緒によく見直してみましょう。

知りたい！

出生届の書き方、届け方

法務省のサイトに出生届の記載例があります。記入の際に参考にするとよいでしょう。

●届け出期限

赤ちゃんが生まれた日を含めて 14 日以内。14 日目が役所の休みにあたる場合は、次に役所の窓口が開く日まで期限が延びます。不備があってその日に受理してもらえないことも考え、少し余裕をもっての提出が安心。休日や夜間などの受付時間外であっても提出はできますが、次の受付時間帯に確認され、不備があると戻されます。

●届け出先

次のいずれか

・娘夫婦の住所地の役所
・娘夫婦の本籍地の役所
・赤ちゃんの出生地の役所

●届け出人

出生届の届け出人の欄に署名するのは、赤ちゃんの父か母が原則。役所まで手続きに行く人ではありません。

●届け出に持っていくもの

・出生届、出生証明書（医師または助産師の記入、押印があるもの）
・母子手帳（出生届出済証明の欄に記入してもらうため必要で、後日持参でも可）
・届出人の印鑑（不備があった場合の訂正のため）

出産のきほん

周囲へ出産を報告する

親しい人には早めに知らせる

妊娠中、娘を気にかけ、赤ちゃんの誕生を待っていてくれた人たちには、なるべく早く出産の報告をするのがマナーです。まずは赤ちゃんの性別や、母子の健康状態などを簡単に伝えるだけで十分。赤ちゃんが生まれてすぐに知らせをくれたと思えば、相手も嬉しいはずです。

今は、親しい相手になら、スマホなどからメールで出産を報告する人も多いようです。体調にもよりますが、入院中の娘が自分で一報を入れることも、それほどむずかしいことではありません。娘にまかせておけばよいでしょう。あまり親しくない人にまであわてて連絡をする必要はありませんし、親はあまりやきもきせずに、妊娠報告のときと同様、親戚関係にしっかり連絡してあげましょう。

娘とも相談し、親や娘の夫から出産を報告する人をあらかじめリストアップしておくとあとがスムーズ

です。リストがあれば、誰に連絡したのかもわかりやすく、連絡もれも防げます。

名前が決まったら改めて報告を

取り急ぎ出産の報告をした人にも、赤ちゃんの名前が決まったら、改めてお知らせをしましょう。お祝いをいただいた方には内祝い（→114ページ）に、感謝のメッセージとともに赤ちゃんの情報を添えるとよいでしょう。

娘が出産報告のハガキを用意するなら、それを送るのもよい方法。かしこまった相手には封書で報告するとていねいなので、相手によっては手紙に赤ちゃんの写真を同封するなどして送るよう娘にアドバイスをするとよいでしょう。

日ごろあまり親しくおつきあいしていない人、妊娠を知らせていなかったような人には年賀状など季節のあいさつ状を出すときに、「家族が増えました」「孫が誕生しました」とひと言添え、近況報告としてさりげなく伝えれば十分です。わざわざ連絡をしたりすると、お祝いの心配をさせてしまうので控えます。

どうする？

親から周囲への出産報告

① 親から報告するのがよい相手

兄弟、祖父母、親戚、仲人がいれば仲人にも。
妊娠報告と同様。

② 報告のタイミング

まずは出産後、電話でできるだけ早めに。
名前が決まったら改めてハガキや手紙で報告を。

③ 報告の内容

お世話になったお礼の言葉は必ず添えて
・赤ちゃんが生まれた日
・赤ちゃんの性別
・赤ちゃんの名前（手紙、ハガキではふりがなをつけて）
・母子の健康状態、ようすなど
・赤ちゃんの出生体重

出産のきほん

内祝いを贈る

お祝いのお返しとして内祝いを用意する

本来、内祝いは、身内におめでたいことがあったときに、周囲の人に福をおすそ分けするために贈られていたもの。出産の内祝いでは、出産報告と赤ちゃんのお披露目をしながらお赤飯や餅などを親戚、近所に配ってまわるのが習わしでした。

でも今は、出産祝いをいただいた方へのお返しとして贈るのが一般的。生後1か月ごろを目安に、赤ちゃんの名前で贈ります。ただし、お祝いを受け取ってから、内祝いを贈るまで放っておくのは失礼。まずは電話や手紙ですぐにお祝いのお礼を伝えておくのがマナーです。それと同時に誰から何をいただいたのかをリストにしていくと、あとで内祝いの品を選んだり、発送するときに役立ちます。産後は忙しいので、出産前に品物を見に行ったり、カタログを取り寄せたり、また、インターネットで注文、発送ができるサイトを探しておくのもよいでしょう。

どうする？

親の知り合いから出産祝いをもらったら

たとえ親を通して渡されても、お祝いは娘夫婦と赤ちゃんに贈られたもの。内祝いは娘夫婦から贈るべきです。娘が相手のことをよく知らない場合などは、親が品物を準備し、娘夫婦からということにしてもよいでしょう。

しきたりには地域差が。夫側を立てて

一般的な内祝いの贈り方は下で紹介しているようなものですが、お祝い事のしきたりには地域差があるもの。今も、親戚や近所にお赤飯などを配ってまわる地域もありますし、内祝いの品物選びの考え方も地域によって違い、どれが正しいということはありません。

勝手に用意を進めずに、娘の夫側の意向も確認する必要があります。「あちらではなんて言ってるの？」と、先方ご両親の考えを確認するよう、娘をうながしてみましょう。そしてもし、自分たちと習わしが違うようであれば、先方のやり方に従うとトラブルがありません。

知りたい！

一般的な出産内祝いの贈り方

お礼の言葉や、赤ちゃんの情報を記したカードや手紙を添えるとていねいです。

●時期

出産後１か月が目安。遅くても２か月以内に。

●表書き

「内祝」「出産内祝」

水引の下には赤ちゃんの名前を記します。ふりがなをつけましょう。

●水引

赤白ちょう結び

●金額の目安

いただいた金額の２分の１～３分の１が目安。目上の方などから高額のお祝いをいただいたときは、半額にこだわらず、無理のない程度のお返しでOK。

●よく贈られる品物

相手に合わせて品物を選びます。よく選ばれるのは、タオルや食器、お菓子、紅茶、石けんなど。伝統的なものには、砂糖や鰹節などがあります。最近では、カタログギフトや、パッケージなどに赤ちゃんの名入れをした品物を贈る人も増えているようです。

喜ばれる出産祝いはどんなもの？

品物や現金だけでなく学資保険のお祝いも

品物を贈るなら娘夫婦の希望を聞いて

母方の親が贈る伝統的な出産祝いには、お宮参り（→148ページ）用の祝い着があります。でも、最近は祝い着をレンタルで済ませることも多く、もっと実用的な品物を贈ることがほとんど。ベビーベッドやベビーカーなど、育児に必要なもののなかから高額なものを親が贈るケースがよくみられます。

品物を贈ろうと考えるなら、まずは娘夫婦に希望の品を聞いてみましょう。夫側の両親からのお祝いと重なることも防げます。好みもあるため、購入前にカタログで娘に確認したり、妊娠中に一緒に選びに行ったりすると、気に入ったものを用意してあげられるでしょう。

また、赤ちゃんへの贈り物とは別に、娘をねぎらって、記念になるようなアクセサリーをプレゼントするのもよいものです。

迷ったら現金を。無理のないよう考えて

娘からとくに品物の要望がないとき、品物を選ぶ余裕がないときなど、迷ったときには現金を。現金では味気なく思えますが、ママのもの、赤ちゃんのもの、出産前後は何かと物入りな娘夫婦にとって、現金はとてもありがたいお祝いです。品物にプラスして現金を贈ることもめずらしくありません。

金額は、品物のお祝いのあるなしやそれぞれの関係、家族の状況、地域によってもさまざま。3万円ほどから10万、20万を贈るケースもみられます。

またこのごろは、孫の将来のことを考えて、祖父母が孫のための学資保険に加入することも増えています。立派に成長した孫の姿を思い、保険料の支払いをすることが楽しみや張り合いになると考えられるのなら検討してみてもよいでしょう。

かわいい娘や孫のためにはできる限りのことをしてあげたくなるもの。ただ、孫のお祝い事は、このあとまだまだ続きます。ほかにも孫が生まれたら、同じようにしてあげなければなりません。あまり無理のない範囲で考えましょう。

知りたい！

出産祝いのアイデア

●育児に必要な高額商品

ベビーベッド、ベビー布団一式、ハイ&ローチェア、ベビーチェア、抱っこひも、ベビーカー、チャイルドシートなどのベビー用品やビデオカメラなども。

●娘へのプレゼント

アクセサリーなどのほか、「自分のために使いなさい」と言って、現金や商品券、食事券、旅行券などを渡しても。

●学資保険

契約者は娘や娘の夫（親権者）とし、支払いは自分たち（祖父母）とする方法と、自分たちが契約者となる方法があります。契約者を自分たちとする場合も、親権者である娘夫婦の同意、署名が必要。まずは資料を集めてみましょう。保険会社によって、保険内容や条件が違います。

娘の妊娠・出産と、孫育てにまつわるお金

子育て費用の負担は大きく祖父母の援助に期待も

妊娠・出産には基本的に健康保険が使えません。検査費用は、多いときで1回の妊婦健診だけで1万円を超える支払いになることも。出産費用は病産院によっても違いますが、おおよそ40～60万円ほど。そのほかに出産準備品などの購入費用も考えると、かなりの出費です。

でも、その負担を減らすべく、自治体や保険からさまざまな助成や手当の支給があります。まず、どんな制度があるのかを知り、忘れないように申請をおこないましょう。

一方、子育て費用においては教育費の占める割合が大きく、現在の社会状況では、子どもに十分な教育をと考えると家計が苦しくなってしまうこともあります。そこで期待が寄せられるのが祖父母の援助。もともと孫のためにその都度支払う教育費には、原則贈与税がかかりません。さらに平成25年に教育資金の贈与が孫一人につき1500万円まで非課税となる特例ができ、この制度を利用する人も増えています。27年末までの時限措置でしたが、恒久化も検討されています。

知りたい！

妊娠中、産後に受けられるおもな手当、助成

●妊婦健診の助成
母子手帳と一緒に健診時に使える補助券や無料券が渡される。各自治体によって助成内容が違う。

●出産育児一時金
子ども一人につき健康保険から基本的に42万円が支給される。病産院への直接支払いが原則。病産院で手続きを。

【ママが働いているとき】

●出産手当金
健康保険から、給料の3分の2を産休期間分支給される。会社で渡される用紙に病院の証明をもらい、会社に提出。

●育児休業給付金
育児休業中、育休開始日から180日目まで賃金の67%、それ以降は50%を雇用保険から支給。パパも対象。

【赤ちゃんに】

●児童手当
第1子は、3歳未満15,000円、3歳～中学生まで10,000円、月額。所得制限あり。出産後、早めに住所地の役所で手続きを。

●乳幼児医療費助成制度
赤ちゃんが病院にかかったときの病院での費用を負担してくれる制度。自治体で内容が違う。住所地の役所で手続きを。

もちろん、現金を贈るだけが援助ではありません。子どもを持ちながら働く女性が増えている今、幼い孫を預かったり、家事を手伝ってあげたりすることも、経済的な助けにつながります。

ちょっと
気になる

娘のホンネ〈出産～産後編〉

母のひと言で自分が否定されたような気持ちに

私は、微弱陣痛から始まってなかなかお産が進まず、30時間かかったのですが、出産後「おねえちゃんは早かったのにね」という母のひと言に、とても傷つきました。想像していなかったほどの陣痛の痛みを乗り越えて産んだのに、ダメな人間だと言われたようで……。今思えば、産後のホルモンバランスの影響もあったのかもと思いますが、自分自身への自信を失いました。

（陽子さん　32歳）

見当違いな父にイライラ

出産後、育児経験のない父に「そんなに泣かすな」「かわいそうだろう」と見当違いのことを言われ、それがストレスでした。私が子どもだったころは育児に積極的に関わってこなかったのに、おじいちゃんになったら、わかったようなことを言うんだなあ、と。でも、父も当時は仕事仕事で、子どもとの関わり方がわからなかったのかも。これからはやさしいおじいちゃんとして、孫とふれあってほしいです。

（桃子さん　36歳）

母のやさしい言葉に励まされ「頑張ろう」と思った

出産後の生活は、自分が思っていた以上に大変でした。からだは疲れきってボロボロなのに、赤ちゃんは泣いてばかり。「もう、どうすればいいの⁉」と発狂しそうなときに、母が「赤ちゃんがよく泣くのは、きっとお母さんがそれに耐えられる強いお母さんだからだね」と言ってくれて、その言葉に「そうだ、この子のお母さんは私なんだから、がんばらなくちゃ」と前向きな気持ちになれました。

（敦子さん　33歳）

5章

産後

産後の親の役割

　無事に出産を終えると、数日のうちに母子が退院してきます。ママとなった娘と孫が新しい生活に慣れるように、サポート態勢をととのえておきましょう。まずは、退院してきた母子が一日の大半を過ごす部屋をきれいに掃除し、ベビーベッドや布団などをすぐに使えるように準備しておくことから始めるとよいでしょう。

　里帰り出産を希望する娘にとって、誰よりも頼りにしているのは実親です。出産間もないからだは、子宮が収縮するときに起こる後陣痛《こうじんつう》の痛みなどもありボロボロ。さらに昼夜を問わず赤ちゃんのお世話をしなくてはなりません。昔から「産後の肥立ちが悪い」などの言葉があるように、産後のからだは無理をすると、回復が遅れてさまざまな不調を抱えてしまうことになります。この時期にしっかりからだを休めることはとても大切。娘が安心して休めるようサポートしましょう。

　その一方で、今どきの子育ての常識を押さえておくことも必要。赤ちゃんのお世話の方法は時代とともに変化しています。親世代が当たり前におこなっていたことが、今では完全に否定されていることも少なくありません。今どきの常識を知っておけば、娘に代わって孫のお世話をする際にも安心。娘との無用なトラブルを避けることにもなります。

ただし、赤ちゃんのお世話は、新米ママが育児に慣れるために基本的にママがすべきです。里帰り期間は母子の絆を強め、自宅に戻って生活するための予行練習でもあります。いくら慣れない手つきで赤ちゃんを世話する姿に気をもんでも、娘が親に甘えて赤ちゃんの世話を押しつけようとすることがあっても、必要以上に手を出さないようにしたいものです。

産後のきほん

産後の母体と過ごし方

産後の新米ママは〝手負いの獣〟

出産後6～8週間の産褥《さんじょく》期は、母体が妊娠・出産で受けたからだのダメージをもとの状態に戻す期間。この時期、出産という大きな仕事を成し遂げた娘のからだはボロボロです。

また、産後は妊娠中に大量分泌されていた女性ホルモンが一気に減少し、代わりに母乳分泌ホルモンが一気に放出され、ホルモンバランスが急激に変化するため精神的にも不安定になりがちです。まだふにゃふにゃの赤ちゃんを抱いて、はじめての育児へのプレッシャーも感じています。さらに昼夜を問わず授乳やおむつ替えなどのお世話に追われて、つねに寝不足状態。産褥期の新米ママは〝手負いの獣〟とたとえられるように、肉体的にも精神的にも追い詰められている状態なのです。

親は、娘がそうした状態であることをまず理解してやり、母子が新しい環境にスムーズになじめるよう、温かく支えてあげたいものです。

赤ちゃんの世話より母体のサポート

退院してきた母子を迎え、さあ、親としてできるだけのことをしてあげようと張りきる方は多いでしょう。慣れない手つきで赤ちゃんをお世話するようすに、つい心配になって口を出したり、「私がやってあげる」と手を出したりしがちですが、新米ママにとってまず大事なのは、〝母親である自分〟に自信をもつこと。ダメ出しとなるようなことは避け、赤ちゃんのお世話は娘にまかせて、娘が穏やかな気持ちで赤ちゃんと向き合えるようにすることが大切です。家事を一手に引き受けて母体を休ませ、ときには、「見ていてあげるから少し眠りなさい」と、寝不足の娘をいたわってあげましょう。

　赤ちゃんのお世話は娘の仕事、娘のお世話は私の仕事、と割り切ると、親のほうの気持ちも楽になります。

Check　産後のからだに起こるトラブル

□ **後陣痛《こうじんつう》**
もとの大きさに戻ろうと子宮が収縮して起こる陣痛に似た痛み。

□ **悪露《おろ》**
子宮内から血液を含む分泌物が排出される。産後6週間ごろまで続く。

□ **会陰《えいん》切開の傷**
傷の痛みや回復の早さには個人差があるが、痛くて座れない人も。

□ **乳房のトラブル**
乳汁が溜まってしこりができたり、乳腺が詰まって乳腺炎を引き起こしたりする。

□ **痔**
妊娠中の圧迫や便秘、出産時のいきみなどにより、いぼ痔（痔核）や切れ痔（裂肛）に。

□ **抜け毛**
ホルモンバランスの変化や育児ストレス、授乳による栄養不足が原因。

□ **排尿トラブル**
排尿が困難になったり、膀胱炎を発症したり、尿もれも起こりやすい。

□ **関節痛・腱鞘炎**
膝などの関節を痛めたり、ばね指や手首の腱鞘炎になったりすることもある。産後リウマチを発症する人もいる。

産後のきほん

マタニティーブルーと産後うつ

新米ママは情緒不安定になりがち

赤ちゃんが生まれ喜びでいっぱいのはずなのに、「おっぱいを飲んでくれない」と急に泣き出したり、ひどく落ち込んだり、ちょっとしたことでイライラしたり、新米ママの情緒は不安定。これは、「マタニティーブルー」の症状のひとつです。マタニティーブルーは病気ではありません。出産によるホルモンバランスの急激な変化によって起こるもので、産後すぐから10日前後、長くても1か月ほどで自然に治まります。

娘のことを肯定的に受け止めて

慣れない育児での疲労は、新米ママにとって想像以上。マタニティーブルーも加わって、ふだんならなんということのない言葉にも反発したり、周囲に八つ当たりしたりするようなこともあるでしょう。そんなとき、親としては、「今は精神的に不安定で気持ちが抑えられないだけ」と理解し、八つ当たりされても言い返す言葉をぐっと飲み込んで、受け止めてあげましょう。ふつうの精神状態でない娘に言い返したところで、不毛なだけです。

最初は、「そうよね。大変よね」と聞き役に徹すればOK。そして、娘が母親としての自信を失うことなく赤ちゃんに愛情を注ぐことができるよう、「あなたはいいお母さんね」

娘にかける言葉例

母親としての自分に自信がもてるよう励まし、勇気づける

「いいお母さんね。こんなお母さんで赤ちゃんは幸せね」

「あなたは本当によくがんばっているよ」

「（赤ちゃんに向かって）きれいにしてもらって嬉しいね」

これはNG

「お母さんなんだから、がんばらなくちゃ」といった言葉は、励ましているつもりでも、この時期の娘には「私、がんばってるのに」と否定的にとられてしまうことも。

「抱っこが上手。ほら、こんなに気持ちよさそうな顔で寝てる」などと肯定的な言葉がけを。次第に娘の気持ちも落ち着きます。

また、「目もとがあなたにそっくりね」「おしっこ知らせてくれて、おりこうさんね」と赤ちゃんをほめてあげると、「そうだよね、かわいいね、だから私もがんばらなくちゃね」と、前向きな気持ちになれるでしょう。

1か月以上続くなら産後うつを疑って

産後うつの特徴的な症状は、「赤ちゃんの世話が上手にできないと自分を責める」「発達が遅いのではと不安になる」「わが子への愛情を感じられない」など。自然に治まるマタニティーブルーとは違い、産後うつは治療が必要です。婦人科や心療内科の受診をすすめるのがよいのですが、うつのときは、健康なときなら受け入れられることも受け入れられない状態。受診をすすめても、聞く耳をもたないかもしれません。産後うつは、時間がかかりますが治る病気です。まずは、周囲が、その人が安心して心を開けるような環境をつくることが大切です。

育児のきほん

新生児のお世話

覚えておけば自分も娘も安心

退院間もない赤ちゃんは、ママのおなかから出てきたばかりで、からだの機能が未熟。外の世界にも慣れていません。昼夜の区別なく眠っては泣き、おっぱいを飲んでは眠り、また泣くことのくり返し。赤ちゃんは泣くことで「おなかがすいた」「おしっこ（うんち）が出た」「暑い（寒い）」「眠い」「おなかが痛い」などの意思表示をします。わかっているつもりでも、あまりの泣きようにどこか具合が悪いのでは……と、新米ママの娘と一緒にあわててしまうかもしれません。お世話のきほんをおさらいしておけば自分も安心でき、何より娘にとって心強いでしょう。

今どきのきほんを知りトラブルを避ける

昔の常識が今の常識とは限りません。親世代が育児をしていたときと、変わっていることも多くあります。「母乳よりミルクのほうが栄養

今どきの常識　生まれてすぐに産湯につからせない

かつては出産後すぐに産湯（初湯）につからせていましたが、今は赤ちゃんの体力の消耗、低体温、皮膚トラブルなどを避けるため、温かい乾いたタオルなどで拭き取る「ドライテクニック」をし、沐浴は数日後という施設が主流です。

価が高い」「抱きぐせがつくから泣くたびに抱っこをしてはいけない」「頭の形がよくなるからうつぶせ寝がよい」。どれも今は否定されています。とくにうつぶせ寝は、窒息事故やSIDS（乳幼児突然死症候群）につながる恐れもあります。

うつぶせ寝はよくないのね
昔と今は違うのね…

新生児のからだのつくり

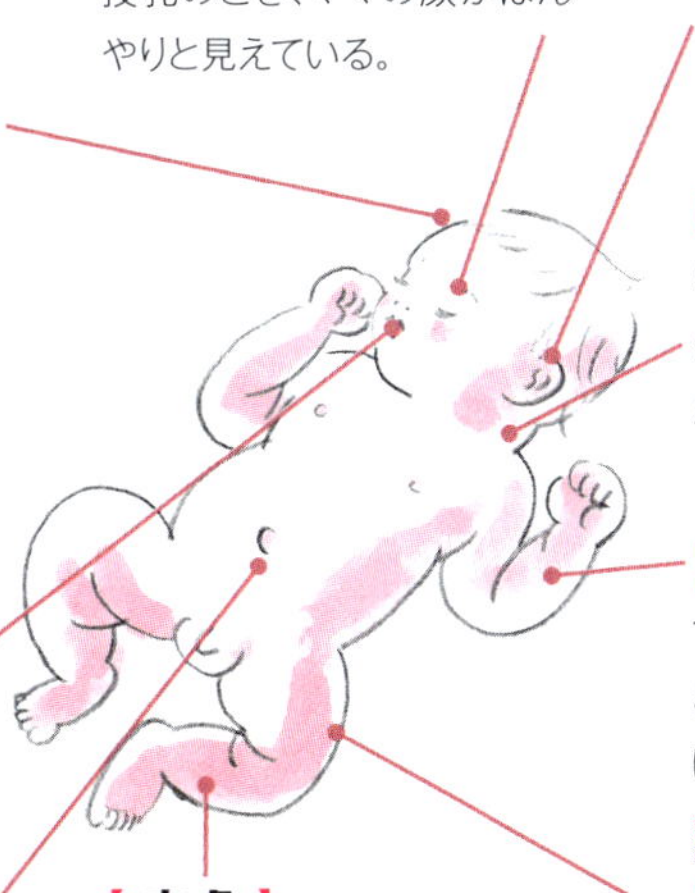

【頭】新生児のからだは四頭身。頭が大きいのが特徴。ママの産道を通るときに細くなれるように頭蓋骨がいくつかに分かれていて、てっぺんには「大泉門《だいせんもん》」と呼ばれるすき間がある。大泉門は1歳半くらいまでに閉じる。

注意！ 頭のほうが重くバランスが悪いので、抱っこしたときに落とさないように。

【口】乳首や大人の指などを唇に近づけ触れると吸いつく。これは原始反射のひとつで吸てつ反射と呼ばれるもの。

【おへそ】へその緒がとれるまではジクジクしている。1週間ほどでとれ、次第に乾燥する。

注意！ へその緒がとれるまで、おむつの端が当たらないように気をつける。

【目】視力が発達していないので、うっすらと見える程度。授乳のとき、ママの顔がぼんやりと見えている。

【皮膚】生後1～2日から1～2週間の間に表皮が乾燥してはがれ落ちる落屑《らくせつ》がある。無理にはがさなければ自然にきれいになる。

注意！ 皮脂が詰まりやすく乳児湿疹ができやすいので、清潔を保って。

【耳】ママのおなかの中にいるときから音は聞こえていて、ママの声を聞き分けられる。

【首】首がすわってくるのは3か月ごろから。首はまだグラグラなので、横抱きで首を支える。

【手】ひじを曲げて手を握っている。手のひらに大人の指などを当てるとギュッと握る。これは原始反射によるもの。

注意！ 自分で顔をひっかくことがあるので、つめが伸びていたら切る。

【足】M字形に開いている。

注意！ 抱っこやおむつ替えのときに、両足を揃えたり、引っ張りすぎたりすると股関節の発達に影響。

抱っこ

抱っこは大切なスキンシップ。おじいちゃん、おばあちゃんも積極的に抱っこしてあげてください。抱き方に昔も今もありませんが、加齢とともに体力や筋力は衰えているので、赤ちゃんを落とすなどの事故がないようポイントをおさらいしておきましょう。

首がすわる前は横抱き

新生児〜3か月ごろの首がすわる前は、頭・からだ・おしりをしっかり支えて横に抱きます。抱き上げるときは、まず片手を赤ちゃんの頭の下に入れ、首の後ろから頭をしっかり支え、もう片方の手で足の間からおしりを支えて、自分のからだに密着させるようにします。

首がすわっていない赤ちゃんを縦抱きする場合

首がグラグラしないように片手で首を支え、もう一方の手で赤ちゃんのおしりを持ち上げ、自分の肩のあたりに赤ちゃんのあごを乗せるようにもたれかけさせます。

注意！

激しく揺さぶると“揺さぶられっ子症候群”に！

生後6か月までの乳児を激しく揺さぶることにより、脳や神経の障害を引き起こしたり、死に至らしめることがある。ふつうにあやすだけなら問題なく、泣き止まないことにイライラして強く揺すったり、赤ちゃんをほうり投げたりすることが原因。

首がすわったら縦抱き

赤ちゃんが自分の意思で首を支え動かせるようになったら、首を支えずに抱っこします。だんだんと体重が重くなってくるので、赤ちゃんを自分の腰骨の上に乗せる感じで、からだ全体で支えるようにします。

知りたい！

抱っこひも選びのポイント

成長や機能に合わせて、複数の抱っこひもを使い分ける人が多いようです。

●種類は大きく2種類
縦抱きや横抱き、おんぶなど複数の抱き方ができる多機能タイプと、スリングなど軽量でコンパクトに収納できる前抱き専用タイプがあります。

●新生児期から使えるもの
横抱きで使うものと、縦抱きにして、ヘッドサポートで首を支えるものがあります。

●スリングタイプ
赤ちゃんを布ですっぽりくるむようにして使うスリングタイプは、からだに密着するので、赤ちゃんの安心感を得られやすいのが特徴。赤ちゃんの体重が重くなると肩への負担が大きくなります。

●キャリータイプ
肩ひもが太くクッション性があり、腰のベルトでしっかり支えるタイプなどがある。抱く人の肩や腰への負担が少ないのが特徴。

母乳

ひと昔前は「3時間おきに授乳を」などといわれていましたが、今は違います。新生児期は赤ちゃんが欲しがるときに、欲しがるだけあげるのが正解。ストレスで母乳が出なくなることもあるので、娘が心穏やかに授乳できるよう、温かくサポートしましょう。

母乳育児を応援しよう！

母乳には、赤ちゃんの成長に欠かせない栄養素や、赤ちゃんを守る免疫物質が含まれています。消化吸収がよく、消化機能が未熟な赤ちゃんのからだの負担になりません。また、産後の母体の回復を早め、母子の信頼関係が育まれるなど、母乳育児のメリットはいろいろ。娘が母乳育児を望むのであれば、食事や環境をととのえて応援しましょう。

知りたい！

母乳育児のきほん

- 赤ちゃんがおっぱいを吸うことで乳腺が刺激されるので、最初は欲しがったら何度でもあげることが成功のコツ。
- 母乳を多く出すためには、とにかく赤ちゃんに吸ってもらうことと、食事（→140ページ）、休養。
- 授乳間隔があかなかったり、赤ちゃんがよく泣くからといって母乳不足とは限らないので、むやみにミルクを足さないように。

今どきの常識

昔からよいとされていたお餅は今はすすめない

「お餅を食べると母乳の出がよくなる」といわれていたことがありますが、それはあまり食糧事情がよくなかった時代の話。お餅は高カロリーですが栄養価の低い食品です。お餅の代わりに、野菜、果物、豆類、いも類、肉、魚などをバランスよく食べるようにすすめましょう。

知りたい！

娘のおっぱいトラブルと対処法

●おっぱいが張ったらとにかく飲ませる

授乳リズムができていない初期はとくに張りやすく、乳房がガチガチになって痛くなるほど。赤ちゃんが飲みづらい場合は、少ししぼってから吸わせます。

●乳首が痛い場合はくわえ方を確認する

赤ちゃんの吸い方が悪いと、乳首が切れたりして痛みが出ます。乳輪まで深くくわえて上手に吸えているか、確認を。

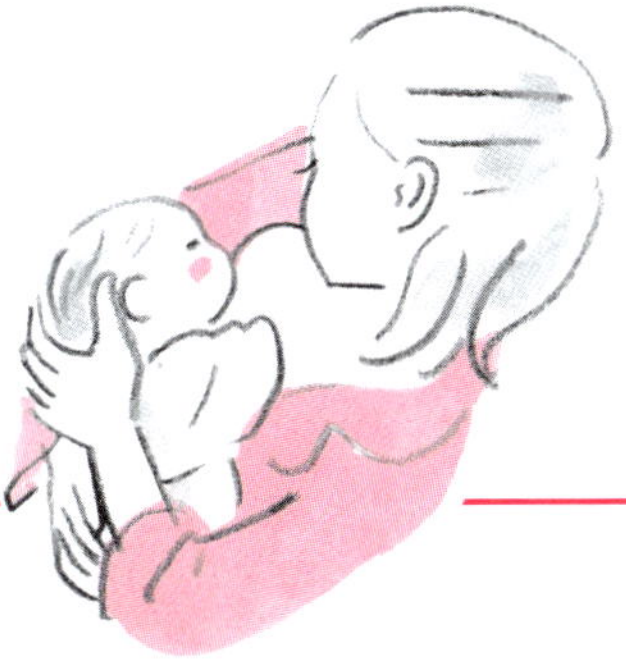

●乳腺炎を予防する

乳腺が炎症を起こし、腫れたり強い痛みが出ることも。予防の方法を覚えておくと安心。熱が出るほどの症状なら婦人科や母乳外来を受診します。

【予防法】

・揚げ物やケーキなどの高カロリー・高脂肪なものは少なめに。
・抱き方を変えながらこまめにまんべんなく吸わせましょう。
・疲れると炎症を起こしやすくなるので、からだを休ませます。

ミルク

母乳をあげることはできないけれど、育児用の粉ミルクだったら娘に代わってお世話ができます。娘の体調が悪いとき、赤ちゃんを預かってお留守番をするとき、混合授乳や完全ミルク育児の場合などに、きちんとできるよう、確認しておきましょう。

母乳不足を疑って安易な言葉がけをしない

親世代が子育てをした1970年代、育児用の粉ミルクは母乳より栄養があると考えられていました。けれど現代は、WHOも母乳育児を推奨していて、できるだけ母乳で育てたいと考えるママが多くいます。

そんな母乳育児を続けたいママにとって心配なのは、母乳が足りているかどうかわからないこと。そんなときに「ミルクを足したら?」というアドバイスはNG。娘の不安をあおり、ストレスでかえって母乳が出なくなることもありえます。体重が増えず母乳不足が疑われるときは、母乳外来などに相談しましょう。

知りたい!

母乳と育児用ミルクの違い

- ●母乳はミルクに比べて消化が早いので、授乳間隔があまりあかない。
- ●母乳には、赤ちゃんを細菌やウイルスから守る免疫物質が含まれている。
- ●母乳は飲んだ量がわかりにくいが、ミルクはわかる。
- ●ミルクは哺乳瓶など準備や片づけが必要。
- ●ミルクならママ以外の人も飲ませることができる。

ミルク育児のきほん

準備

- 哺乳瓶などは洗って消毒しておく。
- 調乳前に手を洗う。
- 育児用粉ミルク、哺乳瓶、一度沸騰させた70℃以上のお湯を用意。

ミルクのつくり方

1 哺乳瓶に分量どおりの粉ミルクを入れ、お湯を分量の半分ほど入れる。

2 乳首とキャップをつけてから哺乳瓶を振ってミルクを溶かし、できあがりの量までお湯を足す。

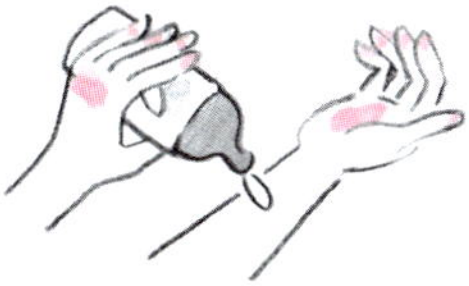

3 冷水や流水で冷まし、腕の内側に少したらしてみて少し温かいくらいならOK。

ミルクの与え方

1 赤ちゃんを横抱きにし、空気が入らないように哺乳瓶を傾けてから、哺乳瓶の乳首をしっかりくわえさせて飲ませる。

2 飲み終わったら縦抱きにして肩にもたれかけさせ、背中をトントンと軽くたたいてゲップをさせる。

哺乳瓶のお手入れ

赤ちゃんは雑菌に対する抵抗力が弱いので、飲み終わったあとの哺乳瓶はよく洗ってから必ず消毒を。沸騰したお湯に入れる煮沸消毒や、専用のケースに入れて電子レンジで加熱する方法、専用の薬液につける方法などがある。

沐浴

抵抗力が弱い新生児期の赤ちゃんは、ベビーバスなどで沐浴をさせます。大人よりもずっと新陳代謝が活発なからだを清潔に保つためにも、沐浴は欠かせません。沐浴中の事故を防ぐためにも、準備や沐浴のさせ方のきほんを確認しておきましょう。

沐浴のきほん

用意するもの

- ベビーバス
- 洗面器
- 湯温計
- ベビー用石けん
- 沐浴布
- ガーゼ
- バスタオル
- 着替え一式

準備

ベビーバスに湯を入れる。湯温は、夏場なら38～39℃、冬場なら40～41℃が適温。洗面器に上がり湯をくんでおく。

沐浴のさせ方

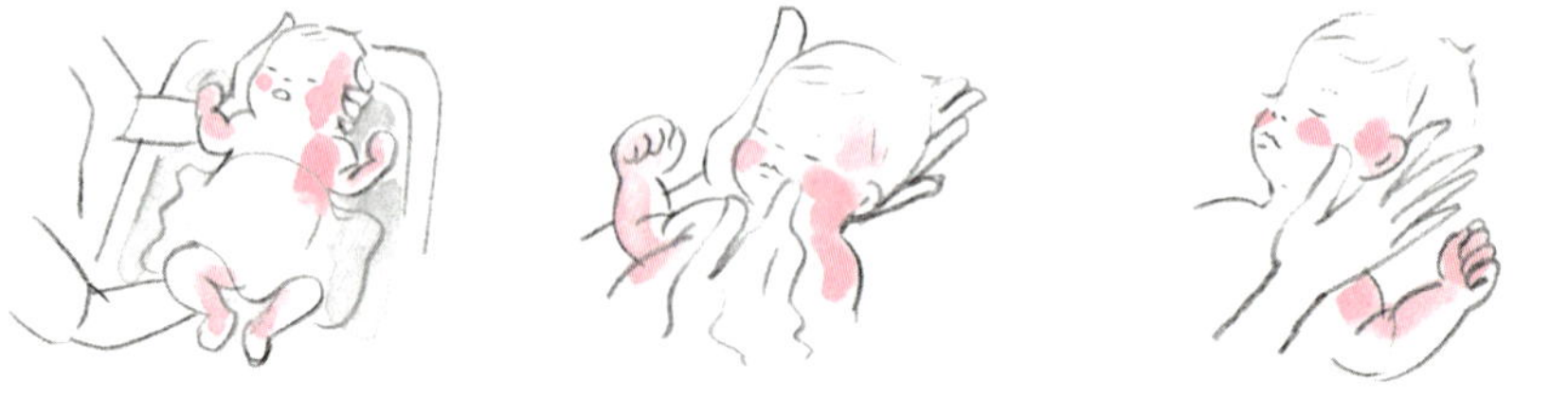

1 赤ちゃんの服をぬがせたら、利き手と逆の手で首と頭を支えて抱き、足もとからゆっくり湯に入れる。沐浴布をからだにかけておくと赤ちゃんが安心する。

2 ガーゼをしめらせて軽く絞り、顔を拭く。目頭から目尻に向かってやさしく拭き、額、ほお、口のまわりの順にていねいにしっかりぬぐう。

3 片手で石けんを泡立て頭と耳の後ろを洗う。目や耳にお湯が入らないように気をつけながら、ベビーバスのお湯で洗い流し、ガーゼで軽く拭く。

4 からだを洗う。首、胸、おなか、わきの下、腕、手のひらや指の間などを上から順に。沐浴布は洗う部分のみはずす。

5 下半身を洗う。股、足のつけ根、足先、指の間もしっかり洗う。

6 利き手で赤ちゃんのわきを支えながら、赤ちゃんの背中が出るよう自分の利き腕にもたれかけさせ、背中とおしりを洗う。

7 洗面器に入れておいた上がり湯をかけたら、バスタオルでくるんでよく拭き服を着せる。

今どきの常識

ベビーパウダーはつけない

以前は、あせも予防といって、真っ白になるくらいベビーパウダーをパタパタはたいていました。汗腺をふさいでしまう恐れがあるので、今ではあまり使いません。また、はたくと吸い込んでしまうこともあり危険です。

Check 沐浴時に赤ちゃんのからだをチェック

- □ **熱はないか。**
  ➡体温を測っておくと安心。
- □ **肌の異常はないか。湿疹等ができていないか。**
  ➡石けんで洗って清潔を保つ。
- □ **からだに触れると痛がったり嫌がる素振りはしないか。**
  ➡からだの外側か中に異常があることも。

5章 産後

おむつ

おしっこの回数もうんちの回数も多い新生児期は、こまめなおむつ替えがかぶれを防ぐカギ。最近は、環境にやさしい布おむつが見直されてきましたが、娘がどちらを選ぶにしても、落ち着いておむつ替えができるようにしておきたいものです。

紙おむつの替え方

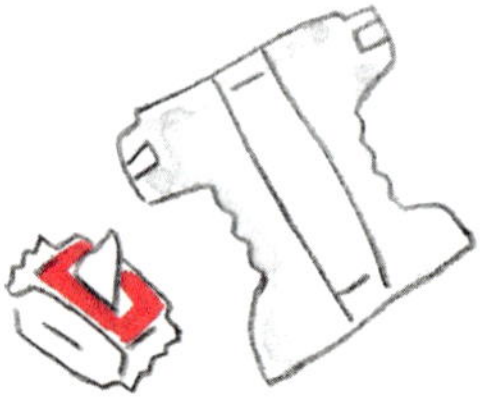

1 新しい紙おむつ、おしり拭きなどを用意。汚れたおむつをはずす前に、新しいおむつを広げて下に敷いておく。

2 おむつのテープをはずし、おしり拭きなどでていねいに汚れを拭き取る。男の子と女の子では拭き方が違うので注意。

3 両足を軽く持ち上げておしりのほうまで拭き取ったら、汚れたおむつをはずす。

4 おしりが乾いたら、おへそに当たらないようにして、おむつを当てる。おなかまわりは大人の指1本分が入る程度余裕をもたせてテープで止める。

5 足まわりなどのおむつのギャザーを外側に出し、おむつがよれているところ、締めすぎているところがないか確認を。汚れたおむつは丸める。

注意！

足を持ち上げすぎると脱臼の恐れも

赤ちゃんの足はM字形に開いているのが自然な形。無理に伸ばすと脱臼の恐れも。おむつ替えで足を持ち上げるときも引っ張りすぎないよう膝を曲げた状態を保って。

布おむつの替え方

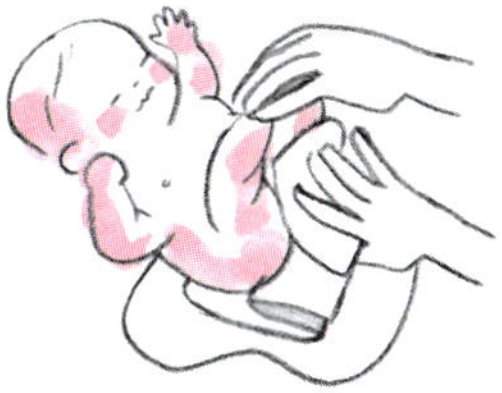

1 布おむつ、おむつカバー、おしり拭きなどを用意する。布おむつは、おむつカバーの大きさに合わせて、男の子は前を厚く、女の子は後ろを厚く折っておむつカバーに重ねる。

2 紙おむつと同様に、おしりを拭いておむつを交換する。おむつカバーが汚れていない場合は、布おむつの交換だけでOK。

3 おへそにかからないようにおむつを折り、おなかまわりは大人の指２本分余裕をもたせておむつカバーをとめる。布おむつがおむつカバーからはみださないように。

おしりの拭き方

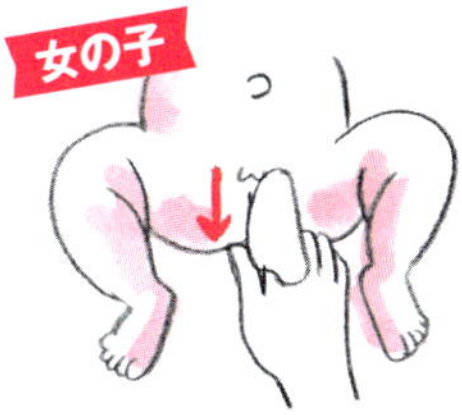

前から後ろへ、割れ目の間も指で広げて汚れを残さないように拭く。

おちんちんのまわり、睾丸の後ろ側も指でしわを伸ばすようにしてきれいに拭き取る。

注意！

おしりを拭いたらよく乾かして

おしりをきれいにしたあとにしっかり乾かさずにおむつをしてしまうと、おむつかぶれの原因に。また、拭きすぎもかぶれるので、汚れがひどいときはシャワーなどで流す。

今どきの常識

使い分けはさまざま。今どきのおむつ事情

紙おむつの性能がグッとよくなった現代でも、コストや環境を考えて布おむつ派という人もいます。また、使い分ける人には、おむつ替えの回数が多い新生児期〜3か月ごろまでの日中は布で、よく動くようになってから紙にするパターンや、逆に新生児のころは紙で、おむつ替えの回数が減ってきた6か月ごろから布と紙を併用するパターンなどさまざまです。

産後のきほん

産後の食事

ママの食べたもので母乳の味が変わる

母乳を飲んだことはありますか？おいしい母乳は、さらっとしてほんのり甘く感じます。

母乳は、食べた栄養が血液となり、乳腺で乳汁に変わって、赤ちゃんの吸う刺激により出てきます。ママの食べたものによって味は変わり、赤ちゃんは母乳を通じて味覚や嗅《きゅう》覚を発達させます。

新生児期は、母乳生産を軌道にのせるためにも大切な時期。母乳育児のポイントのひとつが食事ですが、里帰り中の食事の管理は母親が担うことが多いので、娘と情報を共有し、おいしい母乳のための食事で母乳育児を支えてあげましょう。

バランスのよい食事と水分摂取が大切

どんな食事がおいしい母乳をつくり出すのかというと、さまざまな食材をバランスよく食べることと、十分な水分を摂取することです。授乳中は、妊娠前に比べて350キロカロリー多く摂取すべきといわれています。規則正しく食べることは大事ですが、それを3食で食べようとすると、1回の量が増えてしまい食べきれなくなることも。その場合は少量ずつに分けて1日5食にするのでもよいでしょう。

また水分摂取は重要で、水分が不足すると、母乳の出が悪くなる可能性もあります。食事には具だくさんの汁物をプラスするなど、水分を多くとる工夫をしましょう。

Check 授乳中の食生活

□ いろいろな食材をバランスよく

栄養価の高い旬の食材を取り入れ、さまざまな食材をバランスよく。

□ 朝食を抜かない

1日3食を規則正しく食べる。とくに朝食は抜かない。一度にたくさん食べられない場合は、小分けにして食べる回数を増やしてもよい。

□ 水分摂取は十分に

常温か温かい飲み物をこまめに飲むようにする。食事には必ず汁物を加える。冷たい飲み物はからだを冷やすので控えめに。

□ カルシウムを多くとる

授乳中に不足しがちなカルシウムは意識してとる。乳製品からではなく、小魚や、小松菜などの野菜からとるのがおすすめ。

□ 鉄・葉酸をとる

妊娠中からとりたい栄養素。ほうれん草や小松菜、大豆製品など、鉄や葉酸を含む食材を多く取り入れて。

□ からだを冷やす食べ物を控える

からだを冷やすと母乳の出に影響するので、冷たい飲み物ばかりを飲み続けたり、夏野菜や果物をたくさん食べたりするのは避ける。

□ 白米をたくさん食べる

白米をたくさん食べると良質の母乳が出るといわれ、病院で食べることをすすめられることも。授乳中はおなかがすくので、多めに炊いて冷凍保存しておくと、食べたいときに手軽に食べられて便利。

食事を制限しすぎないということも大事

インターネットにはさまざまな情報があふれています。母乳によくない食べ物についての情報もよく見かけます。母乳によくないといってあげられている食べ物の種類はとても多く、それらを食べないように制限すると、逆に食事に偏りが出てきてしまうのではないかと思えるほど。赤ちゃんの味覚を育てる意味でも、いろいろな味に挑戦してみるのは悪いことではありません。

　里帰り中くらい娘の好きなものをつくってあげたいと思うのも親心。娘が望むのであれば、食べたいメニューを加えて構いません。

赤ちゃんのようすをよく観察する

母乳のもととなるのは、ママの血液です。ママが食べたものによって、その風味がある程度母乳に出てくることがわかっています。たとえばカレーやキムチなど香辛料の強いものを食べると、カレー風味やキムチ風味の母乳になり、赤ちゃんによっては一時的に母乳を飲まなくなることもあります。

　また、毎日揚げ物やケーキなど脂肪分の多いものを食べていると、脂っこい母乳となり、乳腺が詰まりやすくなるなどのトラブルが起こることもあります。

　カレーや揚げ物も毎日食べるのでなければ差し支えありません。そのあとの授乳で赤ちゃんが飲みたがらないようなら、しばらく食べるのを控えればよいでしょう。神経質になりすぎず、赤ちゃんのようすをよく観察しながら、いろいろな食材を試してみましょう。

Check 授乳中に気をつけたい食事

□ 白砂糖の過剰摂取を避ける

体内にあるビタミンB_1やカルシウム、ミネラルなどが消費されてしまうので、ケーキや甘いものはほどほどに。

□ 人工甘味料に注意

ダイエットコーラやお菓子などの原材料に「アスパルテーム」などの人工甘味料が入っていたら要注意。生まれたばかりの赤ちゃんへの影響はわからないので控えたほうが無難。

□ 高カロリー、高脂肪のものを食べすぎない

お餅、揚げ物、スイーツなど、高カロリー、高脂肪のものを食べすぎると乳腺が詰まりやすくなることも。バランスが大事。

□ カフェインは控える

授乳中にコーヒー、紅茶などカフェインが含まれるものを摂取すると、そのうちの1%程度は母乳に移行するといわれる。ママが食事のあとに1杯、1日2〜3杯飲む分には問題ないが、過剰に摂取すると赤ちゃんが興奮し、寝つきが悪くなるといった影響が出ることもある。

どうする?

娘が風邪をひいたら…

●母乳を飲ませる?

風邪のウイルスが入ってしまうものの、母乳には抗体も含まれるので飲ませたほうがよいでしょう。こまめな水分補給と、スープや煮込みうどんなど水分の多い食事で母体と母乳の維持を。

●薬を飲んでも大丈夫?

抗がん剤や抗うつ剤など一部の薬以外、赤ちゃんに影響のある薬はほとんどありません。風邪をひいたら内科ではなく産婦人科を受診すれば、授乳中でも安心な薬を処方してくれます。

娘と意見がぶつかったときは？

娘のやり方を優先し、温かく見守る

アドバイスはときに火種を生む

孫が生まれたらあれがしたい、これをしてあげたいと思い描いていたのに、いざ生まれたら娘が孫を抱きづめにして、ちっともお世話をさせてもらえない。育児の先輩としてアドバイスをしても、助産師の指導と違うと言われて、全然聞いてもらえない……。こんなはずではなかったと、がっかりしている方もいるかもしれません。娘も産後で気が立っていますから、口論になってしまうこともあるでしょう。

育児経験者である親は、自分の経験から学んだことを娘に伝えようとします。それは親心ですし、知恵の継承でもあります。ただ、子育ての方法はひとつではありません。人によっても世話をされる子によっても向き不向きはありますし、時代によっても変化します。娘夫婦で決めた方針もあるでしょう。

子育ての主役はあくまでも娘夫婦

里帰り期間は、娘が育児に慣れる期間であり、いずれ自宅に戻りパパ、ママ、赤ちゃんの生活が始まります。「昔はこうした」「こういう方法もあるよ」と提案することは悪いことではありませんが、子育ての主役はあくまでも娘夫婦であることを理解し、娘の方針を受け入れ、従ってあげましょう。

「マザーリング・ザ・マザー」のスタンスで

「マザーリング・ザ・マザー」という言葉があります。「マザーリング」とは、母親が子どもにほどこす、抱っこや話しかけなどの愛情ある接触行動のこと。「マザーリング・ザ・マザー」とは、女性が母親となって妊娠・出産・育児をする際に、周囲の人がマザーリングをするようにしてやさしくいたわり、肉体的、精神的にサポートすることをいいます。赤ちゃんを支える母親を、周囲の人がさらに支えるという構造です。

マザーリングを受けた母親は精神が安定し、母乳の出がよくなったり、前向きに育児に取り組むことができたりといった効果があるといわれています。

娘に今必要なのは、コーチではなくマザーリング。娘の心身の負担を理解し、いたわってあげられるのは、誰よりも実母です。マザーリング・ザ・マザーのスタンスで娘をサポートし、育児を見守りましょう。

娘にかける言葉例

娘を肯定しつつ
提案する形でアドバイスを

「私たちの時代はこういうふうにしたけど、今はどうなの?」

「こういう方法もあるんじゃないかな」

これはNG

「そうじゃないわよ」「ダメ」などと頭ごなしに否定すると、どんな言葉も聞かなくなります。娘の方法を肯定しつつ、ほかの提案をするような言葉かけを。

お祝い行事で母方祖父母としてすべきことは？

行事の意味と自分たちの役割を理解する

両家の絆を強めるよいきっかけにも

赤ちゃんが生まれると、誕生を祝い、また健やかな成長を願って、さまざまなお祝い行事がおこなわれます。とくに1歳を迎えるまでの1年間には、古くから伝わる行事が数多くあります。住んでいる地域や家によって風習が違うので、娘の夫の実家のやり方に合わせるのが無難。娘夫婦に確認しておくとよいでしょう。伝統的に母方祖父母がお祝いの品などを用意する行事もあります。それぞれの行事の意味や、祝い方のきほんを押さえておけば安心です。

1歳までといえば、赤ちゃんの成長が目まぐるしく変わり、娘は日々育児に追われている時期。里帰り中におこなわれる行事もあるので、母方祖父母の役割は重要です。

お祝い行事を通じて娘にマナーを教えるよい機会でもあります。娘夫婦の意向は尊重すべきですが、父方祖父母などお祝いを贈る側への配慮を欠くことがないように、娘とともに考えることも必要。孫の成長をみんなでお祝いし、両家の絆が強まる行事になるように導きましょう。

お七夜

どんな行事？

出産後７日目におこなわれるお祝い。昔は乳児の死亡率が高かったため、生後７日たってから名前をつけ、盛大にお祝いをしていました。現在では産後すぐの体調を気遣い、盛大にはおこなわずに、赤ちゃんの名前を披露し、身内で祝い膳を囲む程度です。

お祝いの仕方は？

昔は嫁ぎ先で祝いましたが、今はこだわりません。産後すぐでもあり、里帰り中の場合は娘に代わって、娘の夫とともに計画を立てるとよいでしょう。遠方でなければ、父方祖父母を招いて娘夫婦と両家の祖父母で祝い膳を囲みます。祝い膳は、お赤飯と尾頭つきの魚がきほん。手料理でもてなすのでも、仕出しの料理やお寿司などを頼むのでもかまいません。

お祝いを贈る

出産祝いとして贈っていることが多く、あらためて用意する必要はない。

お祝いをいただいたときは

お七夜のお返しは原則不要。父方祖父母からお祝いをもらった場合は、菓子折りなどを用意して表書きを「命名内祝」として渡してもOK。

知りたい！

命名式

命名書を用意し、お披露目したあとに神棚や床の間、部屋の高い場所などに飾ります。名づけ親がいる場合は、名づけ親が命名書を用意しますが、赤ちゃんの両親や祖父母が用意することがほとんどです。最近は、いろいろな命名書があり、インターネットで注文することもできます。

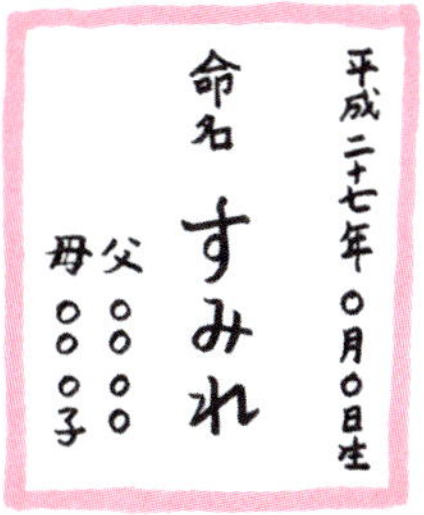

命名書には、赤ちゃんの名前、生年月日、両親の氏名、続柄、名づけ親がいる場合は名づけ親の氏名などを書く。

お宮参り

どんな行事？

赤ちゃんが誕生後はじめて、その土地を守る産土《うぶすな》神様・氏神様へお参りし、赤ちゃんの健やかな成長を願う行事です。お宮参りを行う日は、性別や地域によって、男児が生後32日、女児が33日や、男児が生後30日、女児が31日など、違いがあります。

お祝いの仕方は？

最近では、あまり日数にこだわらずに、天候や母子の体調を優先させてお参りの日を決めることが多くなりました。お参りの際には、父方の祖母が赤ちゃんを抱き、祝い着をかけます。参拝のみで済ますケースや、祝詞《のりと》をあげお祓《はら》いをしてもらうケースなどさまざまです。お参りのあとに、身内で祝い膳を囲むのが一般的。

知りたい！

お宮参りのしきたり

- 祝い着は母方の祖父母から贈る習わしだが、最近はレンタルですませるケースも多い。祝い着は赤ちゃんにではなく、赤ちゃんを抱く人にかける。
- 赤ちゃんを抱くのは、父方の祖母が正式だが、最近はあまりこだわらずに母方の祖母が抱いたり、赤ちゃんのママが抱く場合も。
- 祝い膳は、家で仕出し料理を用意するのでも、レストランなどを予約するのでもOK。費用は赤ちゃんの父母が出すのが一般的。

地域によっておこなわれるお宮参りの風習

赤ちゃんに文字を書いたり、泣かせたりする

魔よけのため赤ちゃんの額に文字を書いたり、氏神様に覚えてもらうために赤ちゃんを泣かせたりする風習がある地域も。

祝い着のひもにお守り袋を下げる

祝い着のひもに扇子や犬張子、でんでん太鼓などを下げたり、お守りを入れる袋を下げたりして、お参り後に授与されたお守りを入れる。

近所をまわる

お宮参りの前やあとに、近くの親戚や隣近所、お世話になった人を訪ねて、お赤飯や紅白餅などを配り地域の子として認めてもらう。子どもたちにお菓子を配る場合も。

お祝いを贈る

祝い着は母方の実家が用意する習わし。祝い着の代わりにベビードレスやケープを贈っても。祝い着を贈らない場合は、会食相当分の金額を包むのでもOK。

お祝いをいただいたときは

祝い膳がお返しとなるので、原則不要。当日お赤飯や、紅白餅を引出もの（おみやげ）とするケースも。

お食い初め

どんな行事？

平安時代からおこなわれていたといわれる伝統行事で、赤ちゃんに食事をする真似をさせる儀式です。生後100日を無事に迎えられたことを感謝し、この先一生食べ物に困らないようにと願いを込めておこないます。

お祝いの仕方は？

生後100日目におこなうのが一般的。地方によって110日目、120日目におこなうことも。お食い初め用の食器は、母方の実家が用意する習わしがあります。祝い膳に、お赤飯、尾頭つきの魚、汁物、酢の物、煮物、香の物、歯がため石（※）をのせ、食べさせ役は長寿にあやかるという意味から、祖父母や親戚など年長者がおこないます。男の子なら男性、女の子なら女性が赤ちゃんに食べさせる真似をします。

※歯がため石
子どもの歯が石のようにかたく丈夫になるようにと願いを込め、小石を用意する。

お祝いを贈る

お食い初め用の食器、もしくは離乳食用の食器を。

お祝いをいただいたときは

原則としてお返しは不要。お祝いの席に招くのがお返し。

知りたい！

お食い初めの食器とは？

- 漆器や素焼きのお椀、柳の白木の箸を用いる。
- 男の子用と女の子用で色が違い、男の子用は朱塗り、女の子用は外側が黒塗り、中側が朱塗りのものがきほん。地方によって異なるので確認を。
- お宮参りのときに神社から贈られる場合も。
- 離乳食用の食器で代用することも多く、娘夫婦の意向を確認。

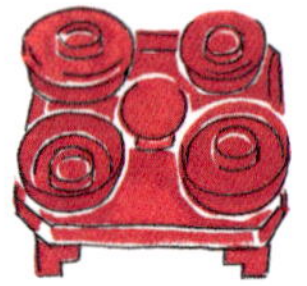

男の子用

女の子用

初正月

どんな行事？

赤ちゃんが生まれてはじめて迎えるお正月のことで、古くから男の子には破魔弓《はまゆみ》、女の子には羽子板を贈ってお祝いする風習があります。破魔弓には、字の通り「弓で魔を破る」意味があり、子どもを邪気から守るとされています。羽根つきには、「災いをはねのける」という意味があり、羽子板は魔よけのお守りとされます。

お祝いの仕方は？

破魔弓も羽子板も母方の実家が贈る習わしですが、娘夫婦や父方祖父母と相談して決めても構いません。正月事始め（※）の12月13日ごろに飾り、年明け1月15日のどんと焼きのころにしまうのが一般的。

※正月事始め
お正月の準備を始める日とされ、すす払いなどがおこなわれる。

どうする？

孫にお年玉をあげてもよい？

お年玉は、歳神様に供えた餅を、家長が歳神様の魂が宿った「歳魂」として家族に分け与えたことに由来します。初正月にお年玉を渡す決まりはなく、お年玉は何歳から、と決めてもかまいません。また、現金ではなく絵本やおもちゃなどを贈る方法もあります。

お祝いを贈る

正月事始めまでに、男の子には破魔弓、女の子には羽子板を贈る。次男、次女にも同じものを贈るのがきほんだが、男の子なら凧や天神人形、女の子なら手鞠《てまり》などに変えてもOK。

お祝いをいただいたときは

原則としてお返しは不要。赤ちゃんと一緒に正月料理を囲み、新年を祝うとよい。

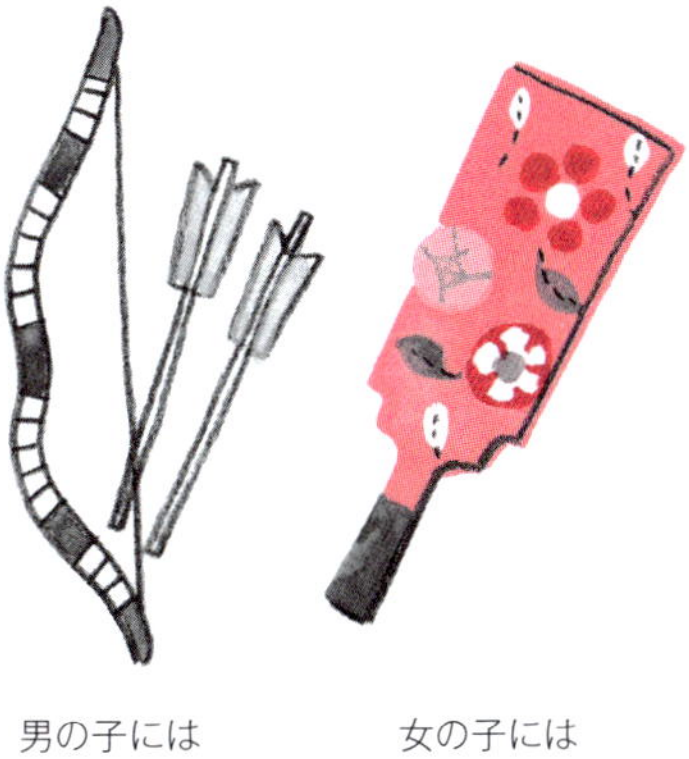

男の子には破魔弓を贈る

女の子には羽子板を贈る

初節句

どんな行事？

生まれてはじめての節句を初節句といい、子どもの健やかな成長を願って、女の子は3月3日の桃の節句、男の子は5月5日の端午の節句をお祝いします。桃の節句に飾る雛人形や、端午の節句に飾る鎧兜《よろいかぶと》には、子どもの厄を払うお守りの意味もあります。

お祝いの仕方は？

雛人形や五月人形は、母方の実家が贈る習わしがありましたが、最近は母方、父方ともに贈りたがることもあり、折半や、娘夫婦が購入して両家の親が現金を贈ることも多くなりました。初節句には、人形を飾り、祖父母や親戚、お祝いをいただいた人を招いて祝います。

お祝いを贈る

初節句に飾る人形は母方の実家が贈る習慣だが、最近はあまりこだわらず、父方と折半にしたり、娘夫婦が購入し、相応の金額を贈る場合も。端午の節句の場合は、鎧兜などの内飾りを父方（母方）、鯉のぼりなどの外飾りを母方（父方）に分けることも。

お祝いをいただいたときは

お返しはとくに不要で、お祝いの席に招くのが一般的。お赤飯や雛あられ、ちまきや柏餅をお土産として渡すとていねい。遠方の場合は、お礼状と紅白饅頭などの内祝いを贈ることも。

注意！

生まれてすぐに初節句を迎えた場合

一般的に誕生から初節句まで1～2か月しか間があかない場合には、初節句を翌年に見送る傾向があるので、娘夫婦と相談しましょう。

桃の節句の基礎知識

●雛人形の種類には、男女一対の親王飾り、三段、七段などの段飾り、ケース入りのものなどさまざま。飾るスペースにもよるので、娘夫婦の意向を尊重したい。

●桃の節句料理の定番は、ちらし寿司と蛤《はまぐり》の潮汁《うしおじる》。蛤は夫婦円満や女性の貞操の象徴として、桃の節句に食べられるようになった。

●雛人形は早く飾って早くしまうのがよいとされ、立春から桃の節句の1週間前までに飾り、3月3日が過ぎたらなるべく早くしまう。

●雛人形はひとりに1セットとされ、次女・三女が誕生したら、それぞれに用意するのがきほん。飾る場所を考慮して、市松人形などにすることも多い。娘の雛人形を一緒に飾ってもOK。

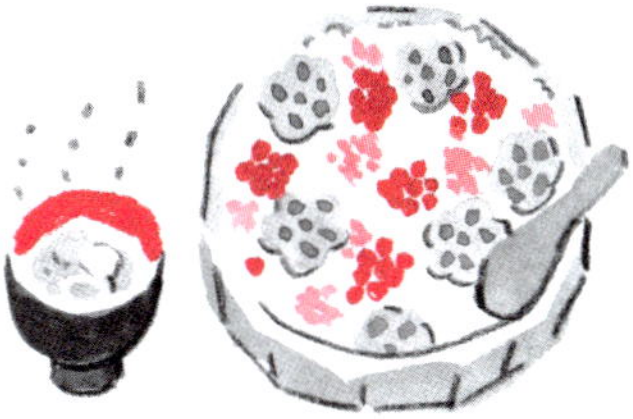

端午の節句の基礎知識

●内飾りの鎧兜は男の子の災いを払うお守りとされ、兜のみの兜飾りと全身を守る鎧兜がある。

●外飾りの鯉のぼりは、鯉が滝を登って龍になる中国の故事から立身出世の象徴とされる。

●端午の節句には、子どもの厄除けの食べ物といわれるちまきや、子孫繁栄を願い柏餅を食べる。

●端午の節句には厄除けとして古くから菖蒲《しょうぶ》が使われていて、軒に吊るしたり、お風呂に入れる風習が今も伝わる。菖蒲には血行促進や疲労回復効果も。

初誕生

どんな行事？

生後はじめて迎える誕生日を初誕生といいます。昔はお正月を迎えるとひとつ年をとる数え年で年齢を数えていたため、誕生日を祝う習慣はありませんでした。でも乳幼児の死亡率が高かった時代のため初誕生だけは特別で、1歳の誕生日を迎えられたことを喜び、お祝いをしました。

お祝いの仕方は？

初誕生は「餅誕生」ともいわれ、古くから一升餅をついてお祝いする風習があります。一生食べ物に困らないようにという願いが込められています。誕生日前に歩けるようになると将来家を離れていくという言い伝えがあり、重い一升餅を背負わせ、子どもが転ぶと遠くへ離れないと喜び、転ばないと力が強いと喜びます。一升餅は、和菓子店などに注文することも可能。お祝いの仕方に決まりはなく、祖父母や親しい人を招いてホームパーティーをすることが多いようです。

注意！

バースデーケーキは手づくりがおすすめ

生クリームを使ったケーキは、消化器官が未熟な赤ちゃんには脂肪分が多すぎて負担。バースデーケーキは、赤ちゃんが食べられる食材を工夫してつくりましょう。

お祝いをいただいたときは

お返しは基本的に不要。パーティーに招待したり、お礼状を送る。高価なものをいただいた相手には、子どもの名前で、いただいたお祝いの2分の1～3分の1程度のものを内祝いとして贈る。

お祝いを贈る

とくに決まりはなく、現金を贈る場合の金額の目安は1万～2万円。

両家でよい関係を築いていくには？

情報を共有し、嬉しいことは喜び合う

孫を通じておたがいを理解し合うことが大事

これまで娘の夫のご両親と交流がなかった人も、孫が生まれ、1歳までのさまざまなお祝い行事で交流が深まることでしょう。

孫のためならどんなこともしてあげたいと思う祖父母もいれば、経済的な余裕がなくてできない祖父母や、あまり干渉しない祖父母もいます。関わり方の違いがあっても、孫の健やかな成長を願う気持ちは変わりません。また、親子でも育児などの考え方が違うことがあるのだから、育った環境も住む場所も違う父方祖父母と考え方が違っても、それは当然のこと。さまざまな価値観に接しながら成長するのは、むしろ孫にとってよいことだととらえましょう。

娘夫婦を介して情報を共有し、孫の成長の節目ごとにともに喜び合い、孫を中心にさらに両家の絆を強めていきたいものです。

どうする？

「おめでとう」を言うのはどっち？

孫が生まれたとき、お祝い行事のときなど、父方・母方どちらがどちらに向かってお祝いを伝えればよいか迷いますが、母方が父方祖父母に向かって「おめでとうございます」と言うのがきほんマナー。もちろん、おたがいに言い合えれば、それにこしたことはありません。

今後も娘夫婦と よい関係を保つために

近居の場合こそ大事なルールづくり

娘夫婦と親が近居の場合、娘の負担を軽くしてあげたいという思いから、親が育児の分担を引き受けることもあるでしょう。結婚、出産後も働き続ける女性が増え、近くに住む実親はとても心強く頼りになる存在。パパ・ママと同じように愛情をもって孫に接してもらえることも大きなメリットです。

ただ孫が成長するにつれ、自分も年をとり、体力的・精神的な負担はどんどん大きくなっていきます。また、親をあてにしすぎる態度や子育て観の違いがもとで、娘夫婦とトラブルになり、親子関係がぎくしゃくしてしまうこともあります。近居だからこそ、親子だからこそのルールづくりが大切です。

孫に会いたいからといきなり娘夫婦の家を訪ねたり、なんでも買い与えてしまったりでは、よい関係は築けません。訪ねるときは都合を聞く、孫を連れて遊びに来てくれたら「ありがとう」と感謝する、孫に何かを買ってあげたいと思ったら娘に相談するなど、娘や娘の夫への気遣いを忘れないようにしましょう。

育児サービスや施設を利用しても

いくらかわいい孫とはいえ、育児は重労働。娘夫婦のために、孫のためにと無理をして自分の生活を犠牲にしては、本末転倒です。今は、一時保育やベビーシッター、病児・病後児保育施設など、公共・民間を問わずさまざまな育児サービスや施設があります。負担を感じるときは娘に話し、そのようなサービスの利用を提案してみましょう。案外娘夫婦も同じことを考えていたということも多いものです。

知りたい!

孫育てのルール

- 育児の方針は娘夫婦にまかせて、サポーター役に徹する。
- 無理はしない。自分の生活を犠牲にしない。親子であってもおたがいの配慮は必要。
- 金銭問題はトラブルのもとなので、孫にお小遣いをあげる場合も、娘夫婦に相談する。
- 感謝の気持ちを言葉であらわすとトラブルを防げる。

今後も娘夫婦と
よい関係を保つために

遠距離では、離れていても
娘の気持ちによりそって

娘夫婦と離れたところに住んでいる場合、里帰り期間が終了すると、ポッカリと穴があいたように寂しくなることも。テレビ電話などでようすを伝えてもらうとよいでしょう。また娘が育児ストレスを溜めないように、こまめに連絡をとって話を聞いてあげることも大事。「こうしないからいけないのよ」などと娘を批判する言葉は避け、よいところを見つけてほめ伸ばしてあげましょう。娘の夫を批判するのもNGです。

お祝い行事を
忘れないように

孫の成長を祝うお祝い行事は、遠距離の場合、招待されてもなかなか参加できないこともあるでしょう。可能な限り参加することとし、参加できない場合も、忘れずにお祝いの用意を。行事に参加できなくても遠くから孫や家族を思っているよ、という姿勢を見せましょう。

お祝いを贈る場合は、父方祖父母とかぶらないようにするためにも、何がよいか、父方祖父母はどうするのか、必ず娘に確認します。

遠距離ならではの孫育て

遠距離だと、孫とふれあう機会は少なくなります。お盆やお正月に帰省した場合など、年に１、２回しか会わないということも。でも娘と連絡を密にすることで、間接的にでも関わりをもつことは可能です。

孫の誕生日や入園・入学などにはお祝いを贈り、電話で話しましょう。また、小学生くらいになったら夏休みに預かるのもおすすめ。親以外の人との生活や、孫の生活圏にはないさまざまな体験を通じて、成長が見られることでしょう。毎年の恒例行事になれば、孫との関係もぐんと深まります。

父方祖父母への気遣いも大事

父方祖父母のほうが娘夫婦と近居の場合、孫のお世話を父方祖父母が引き受けることもあるでしょう。娘のためにも、機会があるごとに「娘がいつもありがたいと言っています」と、感謝の気持ちを言葉にして伝える気配りは欠かせません。お歳暮やお中元、年賀状などの季節のあいさつも忘れずに。

医学監修

竹内正人（たけうち まさと）

産科医、医学博士、東峯婦人クリニック副院長。葛飾赤十字産院産科、櫻川介護老人保健施設などでの勤務を経て、2006年より東峯婦人クリニックに勤務。お産の現場に携わりながら、地域・国・医療の枠を超え、さまざまな事業を展開している。著書・監修書に『はじめてママも安心！しあわせ妊娠＆出産ガイド』（小社刊）、『妊娠中から授乳中のママのための食事と栄養お悩み解決ブック』（かんき出版）など多数。
産科医 竹内正人 オフィシャルサイト
http://www.takeuchimasato.com/

マナー監修

岩下宣子（いわした のりこ）

マナーデザイナー、現代礼法研究所代表、NPO法人マナー教育サポート協会理事長。大学卒業後、企業に勤務したのちマナーを学び、1985年に現代礼法研究所を設立。マナーデザイナーとして、“おもいやりの心をきほんとするマナー”を多くの人に伝えるべく、企業などの研修で指導をするほか、テレビ、雑誌、講演など幅広い分野で活躍する。著書・監修書に『結婚のマナーカンペキ！BOOK』、『感謝と慶びを伝える 両親・親族のあいさつ』（小社刊）など多数。
現代礼法研究所
http://www.gendai-reihou.com/

デザイン
GRiD（釜内由紀江、石神奈津子）

イラスト
角口美絵

執筆協力
宇田川葉子、漆原泉、成瀬久美子

DTP
天龍社

編集協力
株式会社 童夢

娘が妊娠したら親が読む本

2015年6月22日　初版発行
2022年7月 4 日　5版発行
監　修　竹内正人
　　　　岩下宣子
発行者　鈴木伸也
発行所　株式会社大泉書店
　　　　〒105-0004　東京都港区新橋5-27-1
　　　　　　　　　　新橋パークプレイス2F
　　　　電話　03-5577-4290（代表）
　　　　FAX　03-5577-4296
　　　　振替　00140-7-1742
　　　　URL　http://www.oizumishoten.co.jp
印刷所　半七写真印刷工業株式会社
製本所　株式会社明光社

ISBN978-4-278-03661-9　C0077